"네 안에 잠재된 천재성을 발휘해 봐!"
꿀자와 시호의 우당탕탕 창업 이야기

지은이 경제금융교육연구회(천상희·이성강·이조은·장형운)
그린이 박종호
발행일 초판 1쇄 2023년 10월 20일
발행인 송재준
임프린트 에고의 바다
펴낸곳 복두출판사
　　　　 출판등록 | 1993년 11월 22일 제10-902호
　　　　 주소 | 서울 영등포구 경인로82길 3-4 807호
　　　　 전화번호 | 02-2164-2580
　　　　 팩스 | 02-2164-2584
　　　　 이메일 | info@bogdoo.co.kr
　　　　 홈페이지 | www.bogdoo.co.kr

글 ⓒ 천상희·이성강·이조은·장형운, 2023
그림 ⓒ 박종호, 2023

이 책은 저작권법에 따라 보호를 받는 저작물이므로 무단 전재와 무단 복제를 금합니다.
이 책 내용의 전부 또는 일부를 이용하려면 반드시 저작권자와 복두출판사의 동의를 얻어야 합니다.

ISBN 979-11-971798-6-0 73320

값 18,500

에고의 바다는 복두출판사의 임프린트입니다.

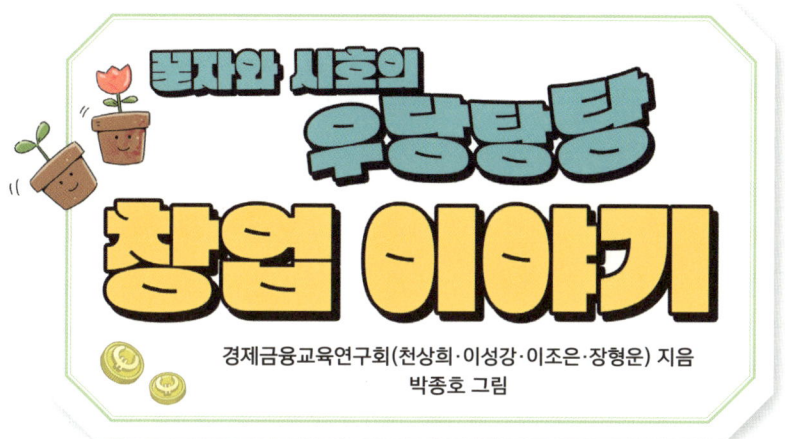

분자와 시호의 우당탕탕 창업 이야기

경제금융교육연구회(천상희·이성강·이조은·장형운) 지음
박종호 그림

"네 안에 잠재된 창의성을 발휘해 봐!"

에고의 바다

> 작가의 말

어린이들을 창업왕으로 키우는 킹메이커, 우리는 제2의 꿀자를 꿈꾸는 교사들입니다!

내일의 창업왕 여러분, 안녕하세요?
우리는 초등학교에서 학생들을 가르치고 있는 교사들입니다. 정규 교과목 외에도 경제 교육에 진심이지요. 전국에는 저희처럼 어린이들에게 딱딱하고 어려운 경제와 금융을 재미있고 유익하게 가르치기 위해 노력하는 교사들이 많이 있어요. 경제금융교육연구회에 모여서 함께 경제 교육을 연구하고 있지요. 우리 네 사람도 그 연구회 소속이에요. 우리는 그 안에서도 특히 창업 교육에 관심을 두고 동아리를 만들었고, 학교에서 창업 교육을 하고 있어요. 열심히 연구한 내용과 현장에서 부딪히며 쌓인 경험들을 모아서 이 책을 함께 만들었답니다.

학생들에게 창업을 왜 가르치냐고요? 네, 저희가 정말 많이 받는 질문이에요. 우리는 창업 교육을 통해서 미래 사회를 살아갈 학생들에게 꼭 필요한 기업가 정신과 여러 가지 역량을 길러 주는 것을 목표로 하고 있어요. 이 책에는 우리의 이런 모습을 닮은 돼지 저금통 '꿀자'가 등장합니다. 꿀자는 어린이를 창업왕으로 만들어 주는 킹메이커예요. 우리가 어린이 여러분에게 가르쳐 주고 싶고, 함께 배우고 싶은 모든 것을 꿀자를 통해 표현했어요. 또한 우리가 창업 교육을 통해 만난 학생들은 생각보다 무척이나 진로에 대해 진지하게 고민하고 기업가가 되고 싶은 친구들이 많았어요. 이 책의 주인공 '시호'처럼요.

우리는 창업 교육을 통해 어린이들이 기업가 정신과 경제관념을 갖게 되는 것은 물론 문제 해결력, 소통력, 창의력, 자신감, 자존감을 높이고 성숙해져 가는 것을 많이 봤어요. 이런 효과는 많은 연구에서도 밝혀진 사실이지요. 그래서 전국 방방곳곳을 다니며 창업 교육을 하고 싶을 지경이에요. 하지만 현실적으로 불가능하기 때문에 저희 역할을 할 이 책을 만들었답니다.

창업을 어렵게만 생각하지 말고 학생 신분에서 학교나 가정에서 도전할 만한 것을 찾아보세요. 실패를 두려워하지 말기로 약속해요! 창업은 꿈을 꾸는 과정이니까요. 꿀자의 꿀팁으로 가득한 이 책이 여러분에게 더 큰 꿈을 꾸게 해 줄 거예요. 이 책을 통해 시호와 꿀자를 만나서 발로 뛰는 창업 과정을 함께 밟으며 내면에 잠재된 천재성을 발휘하고 함께 성장하기를 바랍니다.

여러분의 꿀자 쌤이 되고픈
천상희, 이성강, 이조은, 장형운

차례

작가의 말   4
등장인물   10

1장   성공한 기업가를 만나다

나의 꿈?	14
잊지 못할 기념관	22
꿀자와 시호의 비하인드 스토리	46
창업 교실: 기업가 정신이란?	20
꿀자의 만화 인물전: 현대그룹 창업자 정주영	34
꿀자의 만화 인물전: 배달의민족 창업자 김봉진	40
꿀자의 명언 인물전: 기업가들의 말말말	54

2장   학생 창업가를 만나다

델리만지우 네일팁, 뷰티 사업 이야기	60
채민이의 아롱다롱TV, 콘텐츠 사업 이야기	74
쿠즈 이제우 대표, MCN 사업 이야기	100
핫첩 만드는 김재익 대표, 식품 사업 이야기	108
꿀자의 학생 창업 Q&A	130
꿀자의 경제 용어 백과사전	134

3장 초등학생도 하는 창업

질문왕이 된 시호 138
나에게 맞는 창업 아이템은? 142
  · 나는야, 청소왕! 반짝반짝 세차 서비스
  · 나는야, 제과왕! 바삭바삭 쿠키 만들기
  · 나는야, 식물왕! 재활용 화분 만들기
  · 나는야, 수공예왕! 취향 저격 폰 케이스 만들기
  · 나는야, 문구왕! 감성 디자인 스티커 만들기
  · 나는야, 크리에이터! 나만의 콘텐츠 사업
  · 나는야, 소품왕! 핸드메이드 티매트 만들기
  · 나만의 창업 아이디어 노트

우리만의 창업, 준비 완료? 188

꿀자의 창업 교실:
소중하게 만든 물건, 어디에서 팔까? 194
꿀자의 창업 교실:
사업을 꾸준히 하려면 나라에 신고를 해야 한다고? ... 196

4장 지속 가능한 경영

좋은 기업? 나쁜 기업? 200
ESG 경영을 실천하는 기업들 216
에필로그 246

꿀자의 창업 교실: ESG 경영이란? 210
꿀자의 창업 교실: 지속 가능한 경영이란? 236

"이봐, 해 봤어?
해 보긴 했어?"

이 말을 들어 본 적이 있나요?
우리나라 1세대 기업인이자, 현대그룹 창업주
정주영 초대 회장이 자주 했던 말이에요. 걱정하고 고민하기보다
일단 도전해 보라는 뜻이겠죠? 이런 그의 의지를 바탕으로
현대그룹은 지금의 대기업으로 성장할 수 있었습니다.

정주영(1915~2001)

"우리가 이룬 것만큼, 이루지 못한 것도 자랑스럽습니다."

애플을 설립한 혁신의 대명사, 스티브 잡스의 명언이에요. 비록 실패하더라도 끊임없이 더 나은 제품을 생산하기 위해 고민했던 과정들의 가치를 강조하며 했던 말이에요. 스티브 잡스의 품질에 대한 고집은 애플을 세계에서 가장 가치 있는 기업으로 성장시키는 동력이 되었답니다.

스티브 잡스(1955~2011)

• 등장인물 소개 •

제2의 정주영, 스티브 잡스를 꿈꾸는 시호를 만나 볼까요?
예비 창업왕 이시호와 그의 단짝 꿀자를 소개합니다.

이름 이시호
나이 12살(초등학교 6학년)
키 160cm
체중 49kg
좋아하는 것 혼자 있기, 만들기, 고치기
싫어하는 것 당근, 콩, 개념 없는 친구들

주의할 점 발랄하지만 욱하는 성질이 있음.
좌우명 안 되면 되게 하라.(정주영 회장 명언)

이름 꿀자
나이 미상
좋아하는 것 군것질, 끼어들기, 시호
싫어하는 것 혼자 있기

특별한 능력 ① 동전을 넣으면 순간 이동 가능
② 고글로 인터넷 정보 검색 가능
③ 그 외에도 특별한 능력이
　더 있을 것으로 보임.

1장
성공한 기업가를 만나다

나의 꿈?

띵띵띵띵!

1교시 수업 시작 종이 울렸어요. 1교시는 국어 시간이에요. 시호는 풍부한 상상력을 글로 자유롭게 뽐낼 수 있는 국어 시간을 가장 좋아해요.

선생님께서 오늘 공부할 것을 안내해 주셨어요.

"오늘은 여러분의 꿈을 적고, 꿈을 이루기 위해 어떤 마음가짐이 필요한지 적어 볼 거예요."

'꿈? 나의 꿈은 당연히 멋진 기업가가 되는 거지! 그런데 어떤 마음가짐을 가져야 하지?'

시호는 어릴 때부터 아빠처럼 멋진 기업가가 되겠다는 꿈을 꾸었어요. 하지만 기업가가 되기 위해서 어떤 마음가짐을 가져야 할지는 생각해 본 적이 없었지요.

시호는 선생님께서 나눠 주신 학습지에 '기업가 되기'만 적어 놓고 한참을 고민했답니다. 평소랑 달리 쓸 내용이 하나도 생각나지 않았기 때문이었어요.

고민하는 시호의 표정을 보고 선생님께서 다가오셨어요.

"시호야, 무슨 고민이라도 있니?"

"선생님, 기업가가 되기 위해서는 어떻게 하면 돈을 많이 벌까 하는 마음만 있으면 되지 않나요? 칸이 너무 큰데 무슨 말을 써야 될지 모르겠어요."

"물론 그런 마음도 필요하지. 그런데 선생님 생각에는 분명 다른 마음가짐도 필요할 것 같은데?"

"어떤 마음가짐요?"

"시호는 기업가 정신이라는 말을 들어 본 적이 있니?"

"기업가 정신요?"

"훌륭한 기업가들이 공통적으로 갖고 있는 마음가짐을 기업가 정신이라고 부른단다."

"정말요? 어떤 것들이 있는데요? 저도 꼭 훌륭한 기업가가 되고 싶어요!"

"도전을 두려워하지 않는 용기, 새로운 것을 창조하는 혁신, 끊임없는 창의성 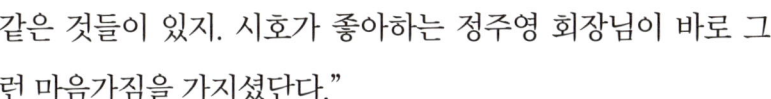 같은 것들이 있지. 시호가 좋아하는 정주영 회장님이 바로 그런 마음가짐을 가지셨단다."

"정말요? 정주영 회장님의 기업가 정신은 처음 들었어요. 정주영 회장님처럼 대박 기업가가 되려면 또 어떤 게 필요할까요, 선생님?"

"음, 기업을 함께 일구는 사람들과의 유대감, 사회 구성원으로서의 책임감 또한 기업가가 가져야 할 자질이지."

"저는 돈만 많이 벌면 되는 줄 알았는데…, 생각보다 갖추어야 할 게 많네요. 이런 것들이 꼭 필요한 건가요?"

시호는 기업가 정신이 꼭 필요한 건지 의문이 들었어요. 시호가 기업가라는 꿈을 가지기 시작한 것은 그저 돈을 많이 벌기 위해서였거든요. 기업가가 되기 위해 가져야 할 마음가짐이라니, 시호의 머리가 아파 왔어요.

선생님은 시호의 어깨에 손을 올리며 말씀하셨어요.

"시호 예비 회장님, 기업으로선 돈을 버는 것이 아주 중요한 목표지만 그것만 추구하다 보면 많은 것들을 놓치게 됩니다."

"돈을 벌면 좋은 것 아니에요? 돈을 벌면 맛있는 것도 많이 먹고 좋은 것들도 많이 가질 수 있잖아요."

"맞아. 예를 들어 볼까? 기업을 운영하다가 쓰레기가 너무 많이 나온다고 생각해 보자. 그 쓰레기를 처리하는 비용을 줄이기 위해 불법으로 태워 버리거나 강에다가 버린다면 어떻게 될까?"

"음… 환경이 오염되겠죠?"

"환경이 오염되더라도 기업에 도움이 된다면 그렇게 해도 되는 걸까?"

"당연히 안 되죠! 자기만 생각하는 나쁜 행동이잖아요."

"또 하나! 기업가가 직원들에게 줄 임금을 주지 않고 자기가 갖고 싶은 것을 사거나 숨겨 둔다면?"

"직원들의 생활이 어려워지겠죠? 직원들의 가족들도 살기 어려워지고요…."

"시호는 돈을 많이 벌 수 있다면 그렇게 해도 괜찮다고 생각하니?"

"아니요. 그건 정말 아니죠! 기업가도 사회 구성원인데 사회에 도움이 되어야 해요!"

"맞아. 시호가 잘 말해 주었어. 기업가도 우리 사회의 구성원이야. 그렇기 때문에 모두가 더불어 살아가기 위해 노력해야 하지. 그것이 바로 기업가 정신이 추구하는 방향이야. 예비 기업가인 시호가 가져야 할 마음가짐이기도 하고."

시호는 선생님과의 대화로 신선한 충격을 받았어요. 기업가가 가져야 할 마음가짐은 생각보다 많고, 어려워 보였거든요.

시호는 스스로에게 질문했어요.

'나는 기업가에 대해 너무 쉽게만 생각했구나. 난 돈만 많이 벌려고 했는데…. 내가 기업가가 되도 괜찮은 걸까?'

자전거를 타고 집에 오는 길에도 시호의 생각은 계속되었어요. 시호의 집안이 어려워지면서 기업가가 되겠다는 다짐이 더욱 굳건해졌어요. 꿈을 꾼 지는 오래되었지만, 기업가 정신에 대해서는 처음 생각해 보았어요. 스스로가 기업가와 거리가 먼 사람인 것 같아 마음이 더 복잡해졌어요.

창업도 배우고 경제도 배우는
창업 교실

기업가 정신이란?

'기업가 정신'이란 기업가라면 마땅히 가져야 할 마음가짐, 또는 훌륭한 기업가들이 공통적으로 갖고 있는 마음가짐을 말해요.

기업의 본질은 이윤을 추구하는 것이에요. 하지만 기업가는 이익만을 추구하기보다 사회 구성원으로서 책임을 다하기 위해 기업가 정신을 가져야 합니다.

기업가 정신은 상황이나 시대에 따라 변화하기 마련인데, 이 시대 보편적인 기업가 정신 4가지를 함께 알아보아요.

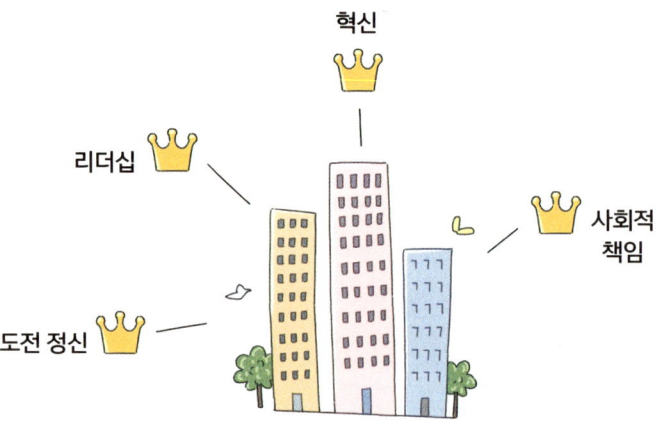

20

세계적인 기업가들이 공통적으로 보여 주는
4가지 기업가 정신

혁신

기업가는 창의적인 아이디어를 바탕으로 우리 삶에 도움이 되는 새로운 것을 창조해요. 이것을 '혁신'이라고 합니다. 혁신은 경쟁력 있는 기업을 만들기 위해 꼭 필요해요.

리더십

기업이라는 공동체를 이끌어 가기 위해 기업가는 리더로서의 자질을 갖추어야 해요. 힘든 일에는 공감하고, 기쁜 일은 같이 축하하며 기업의 구성원과 함께하는 마음가짐이 필요합니다.

사회적 책임

기업가 또한 사회 구성원으로서의 역할을 다해야 합니다. 환경 보호, 근로자와의 상생, 어려운 이웃 돕기 등의 사회적 책임을 다해야 해요.

도전 정신

기업가는 불확실한 환경과 실패를 두려워 말고 자신의 꿈을 펼치기 위해 도전해요. 기업의 도전 정신을 통해 우리 사회가 더 나은 방향으로 발전할 수 있답니다.

잊지 못할 기념관

학교가 끝나고 기업가 정신에 대해 몰두하며 자전거 페달을 돌리다 보니 시호는 평소보다 일찍 도착했어요. 문을 열고 집에 들어갔을 때, 역시나 인기척이 들리지 않았어요. 시호 아버지는 저녁이나 되어야 퇴근하시고, 어머니도 오후에 아르바이트를 시작해서 저녁에 들어오시거든요.

시호는 신발을 벗어 신발장에 넣고 덜컹거리는 마룻바닥을 밟으며 거실을 지나갔어요. 손을 씻기 위해 화장실 문을 잡은 순간이었어요.

"화장실 가는 거야?"

"앗, 깜짝이야!"

"앗, 미안해. 나는 너 오는 것만 기다려 가지고…!"

시호는 꿀자가 집에 있다는 걸 깜빡했어요. 꿀자는 말하는 돼지 저금통이자 시호의 친구입니다. 대박은행에서 처음 만난 꿀자는 시호가 어려운 일을 겪을 때마다 옆에서 힘이 되어 주며 둘도 없는 친구가 되었어요. 시호가 학교에 가면 꿀자는 집에 숨어 시호를 기다려요. 시호의 부모님은 꿀자의 존재를 모르시거든요. 꿀자는 기다리다 지쳐 있던 터에 시호의 얼굴을 보자마자 반가워서 다가왔던 거예요.

"아, 진짜 놀랐잖아! 제발 기척 좀 하고 말을 걸어 줘."

"아, 미안…. 앞으론 조심할게. 오늘 학교는 어땠어?"

"그냥 그랬어. 일단 나 화장실 좀…."

"응응."

시호는 금방 손을 씻고 나왔어요. 꿀자 눈에 시호의 표정은 분명 심각해 보였어요. 꿀자는 혹시나 자기가 시호 기분을 상하게 했을까 봐 미안했어요.

"혹시 나 때문에 화난 거야? 너 표정이 너무 안 좋아."

"아니야…. 아무것도…."

"내가 놀라게 해서 그런 거라면 미안해. 정말 널 놀라게 할 마음은 없었어."

"아니야, 그런 거…. 생각이 많아서 그래."

"무슨 생각이길래 그래? 오늘은 국어도 있는 날이잖아. 기분이 안 좋으면 이상한 날인데…?"

"아무것도 아니야, 정말."

"에이, 그러지 말고 이야기해 봐. 내가 도움이 될지도 모르잖아."

"진짜 별거 아닌데…."

"에헷! 얼른 얘기해 보라니깐!"

"음…, 사실은 말야…."

시호는 꿀자에게 학교에서 있었던 일을 모두 이야기했어요. 꿈에 대한 얘기부터 선생님께 기업가 정신에 대해 들으면서 자신이 없어진 것까지 모두 말이에요.

꿀자는 시호의 이야기를 진지하게 들어 주었어요. 진심으로 들어 주는 꿀자의 태도 덕분에 시호는 하고 싶던 얘기를 마음 놓고 할 수 있었지요. 항상 씩씩한 시호가 풀이 죽어 있자 꿀자의 눈이 반짝거리기 시작했어요.

1분 정도 흐르고, 꿀자가 시호를 보며 말했어요.

"내가 도와줄 수 있을 것 같아! 나에게 동전을 넣고 주문을 외워 봐!"

"무슨 뚱딴지 같은 소리야?"

"이봐, 해 봤어? 해 보긴 했어? 주문은 꿀꿀 꿀꾸리꿀꿀 꿀꿀! 외울 수 있겠어?"

"응? 꿀꿀? 꿀꿀꾸리꾸꾸?"

"꿀꿀! 꿀꾸리꿀꿀 꿀꿀!"
"오키! 준비됐어! 같이 외우자!"
"꿀꿀! 꿀꾸리꿀꿀 꿀꿀!"

 시호는 꿀자 등에 동전을 넣고 꿀자와 함께 주문을 외웠어요. 그러자 주변이 어두워지고 천장과 벽이 비틀어지기

시작했어요.

"어…, 어? 꿀자야, 우리 어디로 가는 거야?"

"꿀꿀! 꿀꾸리꿀꿀 꿀꿀! 네가 좋아할 만한 곳으로 가는 중이야. 너무 걱정하지 마!"

어두워졌던 주변이 순간 밝아지더니 새로운 장소에 도착했어요. 시호는 갑작스러운 빛에 눈이 잘 안 보였지만 이내 괜찮아졌어요. 눈을 비비며 주위를 살펴보니 박물관 같은 곳이 나타났어요.

"어, 여긴 어디야? 박물관 같은데?"

"네가 가장 존경하는 분이 누구랬지?"

"나? 정주영 회장님!"

"그분의 기념관이야. 정주영 회장님의 삶을 살펴보다 보면 네가 답을 찾을 수도 있을 것 같아서."

꿀자가 요술봉을 '탁' 하고 튕겼더니 유리 전시장 안이 모두 채워졌어요. 눈이 휘둥그레질 정도로 많은 자료들이 채워졌지요. 시호가 좋아하는 정주영 회장님의 생가, 처음 사업을 시작했던 장소, 북한으로 소 1,001마리를 보낸 기사 등 다양한 업적을 살펴볼 수 있었어요. 시호는 유리 벽에 달라붙어 눈을 떼지 못하고 자료들을 감상했어요.

시호는 꿀자에게 정말 고마웠어요.

"와, 너무 좋다, 여기! 여긴 네가 만든 거야?"

"내가 널 데려오긴 했지만 만든 사람은 내가 아니야."

"그래? 그럼 누가 이걸 다 만들었대?"

"네가 가장 존경하는 그 할아버지."

"그 할아버지라면?"

"정주영 할아버지."

"헉! 정말? 여기가 정말 정주영 회장님이 만든 곳이란 말이야?"

그때였어요. 저벅저벅, 구두 소리를 내며 기념관의 문을 열고 한 아저씨가 들어오셨어요.

"안녕?"

"어? 안녕하세요! 어디서 나타나신 거예요?"

"내가 사는 곳이 여긴걸?"

"여기에서 살다뇨?"

"나를 전시해 놓은 곳이 여기니까 여기 살지."

"엥? 여기는 정주영 회장님의 인생을 전시해 놓은…, 헉?"

"이제 알겠니?"

"아니…, 그런데 너무 젊으시잖아요!"

"여기 사진을 봐 봐."

아저씨가 가리킨 것은 정주영 회장의 청년 시절 사진이었어요. 사진 속 회장님은 눈앞에 서 있는 아저씨와 똑같았어요. 시호는 직접 정주영 회장을 만난 것이 꿈만 같았지요.

사실 시호네 학교에는 정주영 회장님 동상이 있어요. 많은 학생들이 오랫동안 정주영 회장님이 설립한 아산나눔재단으로부터 장학금을 받고 있지요. 동상은 할아버지 모습이어서 시호는 젊은 정주영 회장님은 상상도 못 했지요. 아산나눔재단은 "우리 사회의 가장 어려운 이웃을 도우라."는 정주영 회장의 뜻에 따라 어려운 환경에서 열심히 공부하고 있는 학생들에게 장학금을 전달하고 있어요.

"기념관은 다 둘러봤니?"

"아뇨, 아직요."

"그럼 내가 직접 소개해 줄게."

시호는 아저씨의 안내에 따라 기념관을 둘러보았어요. 특히 영국의 선박 회사를 설득하여 우리나라 최초의 조선소를 짓고 지금의 현대조선을 일군 스토리는 풀이 죽어 있던 시호에게 도전 정신을 일깨워 줬어요. 아저씨를 따라 한

시간 동안 둘러보니 마지막 전시장에 꿀자가 기다리고 있었어요. 시호는 아저씨와 인사를 나눴어요.

"회장님, 너무 감사했어요. 평생 잊지 못할 거예요."

"그래, 시호야. 항상 공부 열심히 하고, 부모님 말씀 잘 듣고, 무엇보다 하고 싶은 게 있으면 절대 포기하지 말고 끝까지 도전하길 바란다."

"네, 감사합니다."

시호는 아직도 꿈속을 헤매는 표정으로 꿀자에게 말했어요.

"꿀자야, 정말 고마워. 이런 멋진 경험을 시켜 주다니! 넌 어떻게 이렇게 멋진 능력을 가지고 있는 거야?"

"뭐, 이 정도쯤이야. 앞으로 계속 놀라겠구먼! 하하하"

 "정말 고마워, 꿀자야! 나 다시 자신감이 생겼어!"
 "그러면 우리 또 멋진 기업가들을 만나 볼까?"
 "좋은 생각이야! 멋진 기업가들을 또 만날 수 있어?"
 "그럼~! 누굴 만나고 싶어? 스티브 잡스? 일론 머스크? 제프 베이조스?"
 "와! 그분들 모두 아주아주 유명한 분들이잖아. 글로벌 기업을 만든 사람들!"

"맞아! 스티브 잡스는 아이폰을 만들어 애플을 전 세계 최고의 기업으로 만들었고, 일론 머스크는 전기차로 테슬라를, 제프 베이조스는 온라인 쇼핑몰 아마존을 만들었지."

"오, 꿀자! 공부 좀 했나 보네?"

"응, 네가 정주영 회장님과 전시관을 둘러볼 때 검색을 좀 해 봤지, 꿀꿀."

"정말 그분들을 만날 수 있어?"

"그럼! 한국어로 통역까지 해 드리지, 꿀꿀!"

"오, 꿀자 최고! 그런데 나는 정주영 회장님이 기업을 일구는 과정을 더 자세히 알고 싶어. 그리고 현재 우리나라에서 주목받고 있는 젊은 기업인이 있다면 좀 알려 줄래?"

"그래? 그렇다면 우리나라의 자랑스러운 기업인들을 소개하지. 자, 다시 한번 주문을 외워 볼까?"

꿀꿀! 꿀꾸리꿀꿀 꿀꿀!

시호와 꿀자가 주문을 외우자 스크린이 생기면서 인물 이야기가 만화 영화처럼 펼쳐졌어요.

꿀자의 만화 인물전

"이봐, 해 봤어? 해 보긴 했어?"

현대그룹 창업자
정주영
1915~2001

첫 번째로 소개할 기업인은 정주영 회장이에요.

현대건설, 현대자동차, 현대중공업 HD현대이라는 이름을 들어 봤죠?

이 회사들을 모두 만든 분이 바로 정주영 회장이에요.

정주영의 판단은 정확히 들어맞았어요. 전쟁으로 인해 부서지고 무너진 다리, 도로, 부두 시설 등의 전후 복구 사업을 현대건설이 도맡아 하게 되면서 현대건설이 크게 도약한 거예요.

1960년 아이젠하워 미국 대통령이 한국에 방문했을 때, 미군은 UN 묘지에 잔디를 깔고 싶어 했어요.

이봐, 해 봤어? 해 보긴 했어?

해 보나마나, 한겨울에 푸른 잔디가 웬말이야!

정주영은 잔디 대신 어린 보리를 깔았고, 이후 미군은 공사를 할 때마다 현대건설을 찾았어요.

K-천재인가, 혹시?

정주영의 도전은 계속되었어요. 1971년 우리나라 정부는 경제개발 5개년 계획을 세웠는데, 정주영에게 큰 배를 만드는 조선소를 설립하도록 지시했어요.

큰 배를 만들기 위해서는 엄청난 기계 장비와 기술이 필요했어요.
여러 은행을 찾아다녔지만, 배를 만들어 본 경험이 없는 정주영의 계획서만 믿고 돈을 내주는 곳은 없었어요.

그는 포기하지 않고, 영국 선박 컨설턴트 기업인 A&P 애플도어에 찾아갔어요.
하지만 롬바통 회장 역시 허황된 계획이라며 거절했지요.

정주영 회장은 롬바통 회장에게 500원짜리 지폐를 내밀었어요.
당시 500원 화폐에는 거북선이 그려져 있었어요.

롬바통 회장은 결국 은행들에게 추천서를 써 주었어요.

우여곡절 끝에 정주영 회장은 1972년 조선소를 건설하기 시작하여 2년 3개월 만에 완공하고 유조선 두 척을 만들었어요. 이는 세계 조선사에 남을 업적이지요.

현대조선은 1975년 세계 최대의 조선소로 우뚝 섰어요. 세계 1위 조선사인 현대중공업을 만드는 데 성공한 것이지요. 정주영 회장은 일단 시작한 일은 무슨 일이 있어도 성공시켜야 한다는 '왕고집'에다 반드시 성공한다는 '확신왕'이었습니다.

꿀자의 만화 인물전

"나는 경영하는 디자이너입니다."

배달의민족 창업자
김봉진
1976~

두 번째로 소개할 기업인은 김봉진 의장이에요.

배달의민족배민은 음식 배달 앱인데,

2021년 기준 한 달 주문 건수가 1억을 넘지요.

이 앱은 바로 우아한형제들이 만든 것이고,

우아한형제들은 김봉진 의장이 만들었지요.

김봉진은 어렸 때 화가가 꿈이었어요. 빈센트 반고흐처럼 멋진 화가가 될 수 있다면 평생 가난해도 상관없다고 생각했지요. 하지만 흔히 말하는 흙수저 출신이라 예고에 들어갈 수 없었어요. 어쩔 수 없이 꿈을 접고 공고에 진학했지요.

하지만 화가의 꿈을 버리지 않았어요. 낮에는 학교에서 공부하고, 밤에는 디자인 학원에 다니며 그림을 공부했지요.

노력 끝에 드디어 서울예술대학교 디자인학과에 들어갔지요. 대학을 졸업한 뒤에는 이모션, 네이버 등에서 웹 디자이너로 일했어요.

직장에서 능력을 인정받았지만
여기에 안주하지 않고
더 큰 꿈을 꾸기 시작했어요.
그래서 직장을 그만두었지요.

퇴사 후 그는 직접 디자인한 수제 가구를 판매하기 시작했어요.
사람들은 그의 디자인을 좋아했어요.
하지만 매장에서 사진만 찍고 가구를 사지는 않았지요.
결국 사업은 망했고, 전세금 2억까지
날리며 빚더미와 생활고에 시달렸지요.

그는 다시 직장인이 되었어요.
하지만 디자이너로서의 꿈을 잃지는
않았지요. 대학원에서
디자인 석사 학위를 받기도 했어요.

2007년, 스티브 잡스가 아이폰을 세상에 선보였어요.
김봉진은 여기에 큰 기회가 있을 것을 직감하고 새로운 사업을 모색했어요.
그는 전단지를 보며 식당 정보와 전화번호를 앱에 담는다면 편하게 주문할 수 있겠다고 생각했어요.

전단지를 스마트폰에 넣는 거야!

그래서 지인들과 함께 '우아한형제들'을 설립했지요.
처음에는 사무실도 없어 주말에만 커피숍에서 만나 회의를 했고,

백수들 또 모였군!

직접 아파트와 쓰레기장을 뒤져 가며 전단지와 가게 정보를 모아 일일이 앱에 담았어요.

직접 발로 뛰며 데이터를 모아 완성한 배달 앱인 '배달의민족'은 단숨에 경쟁자들을 제치고 앱마켓 1위를 달성했어요. 덕분에 우아한형제들은 10년 만에 1조의 가치를 가진 유니콘 기업이 되었어요.

끈기와 열정으로 지금의 배민을 키운 셈이죠.

배민의 정체성은 '혁신'에 있어요. 단순히 고객의 편의만 제공할 뿐 아니라, 가게 사장님들을 위한 고민도 했어요.

"가게 사장님이 잘돼야, 우리 배민도 잘된다!"라는 생각으로 배민을 이용하는 사장님들에게 노하우를 전하는 '배민아카데미'도 만들었어요.

우아한형제들은 직원들의 만족도도 높기로 유명해요. 이 또한 "행복하게 일하는 회사를 만들자."며 혁신적인 기업 문화를 만든 결과랍니다. 김봉진은 1조가 넘는 재산의 절반을 기부하겠다고 밝히기도 했어요. 2023년에는 새로운 도전을 하고 싶다며 우아한형제들을 떠나겠다고 선언했습니다.

영상을 다 본 시호는 가슴이 벅차올랐어요. 당장 내일이라도 창업을 하고 싶다는 마음이 솟구쳐 올랐지요. 벅찬 가슴을 기록으로 남기고 싶어 일기장을 꺼냈어요.

시 호 의 일 기

꿀자 덕분에 나의 꿈에 한 발짝 다가선 것 같다. 나도 정주영 회장님처럼 멋진 기업가가 되고 싶다. 꼭 성공해서 김봉진 의장님처럼 우리 사회를 위해 멋진 일을 해야지.

나는 어떤 사업을 할 수 있을까? 당장 사업을 시작하고 싶은데, 초등학생이 사업을 할 수 있는 방법은 없을까?

"이봐, 해 봤어? 해 보긴 했어?"라는 정주형 회장님 말씀처럼 도전하면 할 수 있다. 절대로 잊지 말자!

꿀자와 시호의 비하인드 스토리

　말하는 저금통 꿀자는 시호에게 있어 소중하고도 신기한 친구예요. 시호는 1년 전, 대박은행에서 학생들에게 저금통을 나눠 주는 행사에서 꿀자를 처음 만났어요. 저금통을 꽉 채워 다시 은행으로 가져가면 선물을 주는 행사였지요.
　은행에서 텅 빈 돼지 저금통을 받은 지 3개월이 지났어요. 시호는 꽤 무거워진 저금통을 들고 은행으로 갔어요. 그날, 시호의 대박 저금통은 수다쟁이 꿀자로 다시 태어났죠.
　"띵동, 119번 고객님!"
　3번 은행 창구에서 고객을 찾는 소리가 들렸어요. 그때 옆에 앉아 있던 아저씨가 시호에게 말을 거셨어요.

"저금통이 꽤 무거워 보이는구나. 많이 모았니?"

"네! 3개월 동안 열심히 모았어요!"

"돈을 모아서 뭘 하려고?"

"이 돈으로 기업가가 될 거예요! 정주영 회장님처럼요!"

"정말? 멋진데? 그런 큰 꿈을 꾸다니 대단하구나."

"하지만 저는 아직 초등학생이라 제대로 해 본 건 없어요."

"지금부터 하면 되지."

"커서 말고 지금요? 제가 할 수 있을까요? 어른들도 하기 어려운 일이잖아요."

"아저씨가 좀 도와줄까?"

"아저씨가요? 어떻게요?"

"그럼, 그 저금통 한번 살펴봐도 되겠니?"

시호는 처음 보는 아저씨가 저금통을 달라고 하니 망설여졌어요. 3개월 동안 소시지도 젤리도 초콜릿도 안 사 먹고 정말 열심히 모았거든요.

시호가 의심하는 걸 눈치챘는지 아저씨가 말씀하셨어요.

"걱정 마라. 잠깐 손만 대 보려는 거야. 저기 CCTV도 있고 청원 경찰도 있는 은행에서 설마 내가 꼬마의 저금통을 훔쳐 가겠니? 저 안쪽엔 더 많은 돈도 있는데?"

시호는 아저씨 말에 멋쩍은지 뒤통수를 긁으며 저금통을 아저씨 쪽으로 살짝 내밀었어요.

아저씨가 저금통을 쓰다듬자 저금통의 무게가 조금 가벼워졌어요. 맨들맨들하게 붙어 있던 꿀자의 눈동자 스티커가 순간 반짝, 하는 듯했어요

아저씨가 저금통을 시호에게 다시 내밀며 말씀하셨어요.

"네가 꿈을 이룰 수 있게 도와줄 소중한 저금통이니 잘 가져가렴. 이름도 지어 준 다음, 눈을 맞추고 이름을 불러 봐. 아무도 없을 때!"

"돼지 저금통에 이름을요?"

띵동!

그때 7번 창구에서 소리가 나더니 은행원이 외쳤어요.

"123번 고객님!"

"어, 내 차례네. 그럼 이만!"

아저씨는 그대로 은행 창구로 가 버리셨어요. 아까 반짝이던 눈은 시호 착각이었는지 저금통은 처음 모습 그대로였어요. 다만 아저씨 체온 때문인지, 저금통이 따뜻하게 느껴졌지요. 시

호는 왠지 속은 것만 같았어요.

'흠…, 내 동전을 훔쳐 간 건 아니겠지? 분명 손만 대긴 했는데…. 흠…, 모르겠다.'

시호는 저금통에 들어 있던 동전을 모두 저금한 뒤 가벼워진 저금통을 들고 집으로 돌아왔어요.

주방에서 혼자 저녁을 챙겨 먹은 뒤 방에 들어온 시호는 낮에 은행에서 만난 아저씨의 뚱딴지 같은 말이 떠올랐어요. 낯선 사람의 이상한 말이었지만 심심하던 참이라 아저씨의 말대로 해 보기로 했지요.

'아저씨는 좀 이상했지만…, 그래도 이름을 지어 준다고 손해 볼 거 없잖아? 인형에도 이름을 지어 주는데, 뭘. 음…, 어떤 이름이 좋을까? 돼지 저금통이니까 꿀꿀이? 꿀이? 꿀지? 꿀자는 어떨까?'

어떤 이름을 지어 줄지 고민하던 시호는 돼지 저금통을 쓰다듬으면서 여러 이름을 불러 보았어요.

"꿀탱아!"

"…"

"꿀꿀아!"

"…"

"꿀이야!"

"…."

"꿀자야!"

"…."

역시나 아무 반응이 없었어요. 저금통에게 말을 걸다니, 스스로 생각해도 어이가 없는 일이었어요. 시호는 돼지 저금통을 침대로 던지고는 숙제를 하려고 책상에 앉았어요.

"에잇! 그래, 무슨 이름이야. 그냥 동전이나 잘 모으면 되는 거지."

 "꿀꿀, 난 마지막에 나온 '꿀자' 괜찮았는데!"
 "악!"

아무도 없는 집에서 갑작스럽게 들려온 목소리에 시호는 너무나 깜짝 놀랐어요.

 "그리고 날 이렇게 던지면 어떡해. 아프잖아!"
 "어…? 너… 정말…?"
 "네가 던져 놓고 모른 척하면 어떡해!"

"저… 저금통이… 지금… 말한 거야?"
"그래! 내가 말했다, 왜!"

  시호는 이 상황을 믿을 수 없었어요. 돼지 저금통을 들고 이리저리 흔들어 보고 뒤집어도 보았죠.

"말도 안 돼! 그 아저씨가 무슨 마술을 부린 거지?"
"아아아, 시호야! 너무 어지러워. 그만 좀 흔들어!"

  꿀자의 절규에 시호는 조심스레 돼지 저금통, 아니 꿀자를 내려놓았어요.

"휴…, 이제야 제대로 너랑 이야기할 수 있게 되었네. 반가워, 시호야! 나는 창업을 꿈꾸는 친구가 멋진 기업가가 되도록 돕는 미션을 수행 중이야. 꿀자라는 이름 마음에 든다! 이름 지어 줘서 고마워!"

  꿀자가 짧은 손, 아니 앞발을 내밀어 악수를 청했어요. 시호는 조심스럽게 앞발을 잡고 흔들었습니다.

"멋진 기업가가 되도록 도와준다고?"

"그럼! 앞으로 내가 너를 도울 일이 꽤 있을 거야. 너, 정주영 회장님처럼 기업가가 되겠다면서?"

"응…, 그건 맞긴 한데…."

"나는 기업가를 많이 만나 봤거든. 배달의 고수를 만든 김딜리 씨 알지?"

"응! 당연하지. 엄청 유명하시잖아."

"그분도 딱 너와 같았지."

"정말?"

"그럼! 아까 그 아저씨가 나를 딜리 씨에게 보냈었거든. 딜리 씨가 훌륭한 기업가가 되는 걸 옆에서 지켜봤지. 목표를 이룬 뒤에 떠나온 거고."

"말도 안 돼!"

"믿거나 말거나, 네 자유야! 나는 최고의 기업가를 만드는 킹메이커야! 안 믿으면 너만 손해지, 뭐. 꿀꿀!"

"믿어, 믿는다고! 나도 그런 기업가가 될 수 있을까?"

"당연하지. 내가 많이 도와줄게."

"앞으로 잘 부탁해, 친구!"

이렇게 시호는 기업가의 꿈을 함께 꾸고 좋은 기업가가 되기 위한 준비를 도와줄 든든한 대박 친구가 생겼어요.

꿀자의 명언 인물전

기업가들의
말말말

앞에서 시호의 소원대로 우리나라의 기업가들을 만나 보았다면,

이제 세계적으로 성공한 기업가들을 만나 볼 차례!

글로벌 시대에는 세계를 무대로 꿈을 키우는 것이 포인트!

자기만의 경영 철학과 인생 철학을 가지고

세계를 무대로 성공한 기업가들을 소개할게.

"유행하는 것을 따르지 말고 정말로 열정을 가질 수 있는 일을 하라."

- 제프 베이조스 Jeff Bezos | 아마존 창업자

"당신이 큰 변화를 만들어 낼 수 있을 거라고 믿는 일을 하는 것은 매우 보람 있는 일이다."

- 세르게이 브린 Sergey Brin | 구글 공동 창업자

"좋아하는 일을 한다고 해서 성공이 보장되지는 않는다. 하지만 하는 일을 사랑하지 않는다면, 실패할 가능성이 훨씬 높다."

- 비즈 스톤 Biz Stone | 트위터 공동 창업자

"순간적인 열정은 돈이 되지 않는다.
근성 있는 열정만이 돈을 벌 수 있다."

– 마윈Ma Yun | 알리바바 공동 창업자

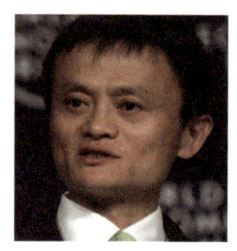

"이성적인 사람은 불가능하다고 말했다.
그래서 우리는 이성보다는 신념으로
이끌었다."

– 다니엘 에크Daniel Ek | 스포티파이 공동 창업자

"옳다고 믿는다면, 끝까지 밀고 나가라.
결국에는 신념을 가진 자가 승리한다."

– 마크 저커버그Mark Zuckerberg | 메타페이스북 창업자

"사람을 존중하는 사람만 성공한다.
고객은 왕이다. 직원은 기계가 아니다.
사람을 존중하면 그 사람들이 열 배,
스무 배로 갚는다."

-하워드 슐츠 Howard Schultz | 스타벅스 CEO

"실패는 옵션이다.
실패하지 않는다면
충분한 혁신을 이룰 수 없다."

- 일론 머스크 Elon Musk | 테슬라 창업자

꿀꿀, 동기 부여가 되는
명언을 써서 붙여 놓고
자주 들여다보도록!

2장
학생 창업가를 만나다

델리만지우의 네일팁, 뷰티 사업 이야기

학생 창업가를 찾아서

날씨가 제법 더워진 어느 날이었어요. 시호는 거실에서 선풍기 바람을 쐬며 탁자에 턱을 괴고 30분째 앉아 있었어요. 재미있는 상상을 하는지 한참 미소를 짓다가 갑자기 심각한 표정이 되었다가 오락가락한 모습이었지요.

이런 시호를 한참 지켜보던 꿀자는 결국 시호에게 말을 걸었어요.

 "시호야, 왜 이렇게 심각해? 무슨 고민 있어?"

"아니야, 그냥 좀 생각할 게 있어서."

"뭔데? 꿀자에게 다 말해 봐."

"사실… 지난번에 네 덕에 정주영 회장님이랑 김봉진 의장님 만났잖아. 나도 그런 멋진 창업가가 되는 상상을 해 보았어. 나도 그렇게 되고 싶거든. 그런데 생각해 보니까 나는 학생인데, 학생이 어떻게 창업을 할 수 있겠어…. 아무리 생각해도 아이디어가 잘 떠오르지 않아."

"그건 당연하지! 그분들은 오랫동안 도전하고 실패하고 도전하고 실패하고를 반복하면서 그렇게 성공한 거잖아! 하지만 학생이라고 해서 창업을 하지 못한다는 법은 없어!"

"무언가를 시작하기엔 내가 너무 어린 거 아니야?"

"음, 그러면 이번에는 우리처럼 어린 창업가를 만나러 가 볼까?"

"정말? 학생 창업가도 있어?"

"당연하지. 당장 인터뷰하러 가 보자. 자! 동전을 넣고 주문을 외워 보자고!"

"꿀꿀! 꿀꾸리꿀꿀 꿀꿀!"

주문 소리와 함께 둘의 몸은 감쪽같이 사라졌어요.

이름: 손지우
특징: 고등학생 때 창업한 고딩 CEO
사업: 자기만의 디자인으로 네일팁을 제작하여 SNS를 통해 판매

네일팁 작업실을 방문하다

꿀자의 마법으로 시호는 기자로, 꿀자는 카메라맨으로 변신했어요. 어느새 델리만지우의 네일팁 작업실 앞이었지요. 고등학생인 지우 님은 네일팁을 만들고 있었어요. 시호는 평소 뉴스를 즐겨 봐서인지 기자 말투가 금방 나왔어요.

"안녕하세요? 꿀꿀 어린이창업 TV 이시호 기자입니다. 잠깐 인터뷰 가능하신가요?"

젊은 사장 손지우 님은 깜짝 놀랐지만, 학생들의 창업 이야기를 듣고 싶다는 말에 인터뷰를 허락해 주었어요. 시호는 큼큼, 목소리를 다듬고는 인터뷰를 시작했어요.

안녕하세요? 네일왕 손사장입니다.

"꿀꿀 어린이창업 TV, '이시호가 간다'의 이시호 기자입니다. 오늘은 학생으로서 창업에 성공한 델리만지우의 손지우 사장님을 만나 보도록 하겠습니다."

"안녕하세요? 저는 손지우라고 합니다. 네일팁 사업을 하고 있는 고등학생입니다."

"저도 창업을 꿈꾸는 경영 꿈나무인데요, 학생으로서 이렇게 창업을 하셨다니, 정말 멋지십니다. 창업은 어른들이 하는 거라고만 생각했거든요."

"음…, 저는 뭐…, 멋진 창업가라고 하니까 좀 쑥스럽네요."

"멋진 창업가 맞습니다. 저희는 멋진 학생 창업가를 찾아다니고 있는데요, 어떤 사업을 하고 계시는지 시청자들에게 설명 부탁드립니다."

"저는 네일팁 사업을 합니다."

"네일팁이 뭔가요?"

"손톱을 예쁘게 꾸미는 걸 네일 아트라고 해요. 네일 아트에는 손톱에 직접 메니큐어를 칠하고 보석 같은 파츠를 붙이는 경우도 있고, 가짜 손톱을 손톱 위에 붙이는 경우도 있어요. 네일팁은 손톱 위에 붙이는 예쁜 가짜 손톱이라고 생각하면 됩니다."

 "우와, 그렇다면, 네일팁을 직접 만들어서 파는 건가요?"

"네! 제가 직접 디자인해서 만든 상품을 팔고 있습니다."

"혹시 어떻게 만드는지 보여 줄 수 있을까요?"

"그럼, 네일팁 만드는 과정을 보여 드리겠습니다."

<도전! 네일팁 만들기>

① 본 팁에 베이스 젤을 바르고 말려요.

② 기본 팁에 원하는 색깔로 네일 전용 물감을 칠해요.

③ 물감이 모두 마르면 젤을 바르고 말려요.

④ 본드를 이용하여 보석 파츠를 붙이면 완성!

  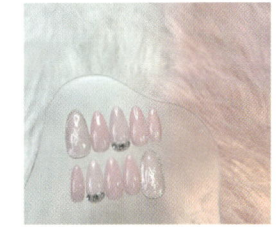

▲ 손지우 사장님이 직접 만든 네일팁 상품들

능숙하게 네일팁을 만드는 손지우 사장님의 빠른 손놀림을 꿀자는 열심히 카메라에 담았어요. 꿀자는 카메라를 고정한 뒤 사장님에게 말했지요.

 "우와, 너무 멋져요. 저도 한번 해 볼래요."
 "히히, 그럼 같이 만들어 봅시다."
 "그런데, 지우 사장님은 어떻게 네일팁 사업을 하게 되었나요?"
 "저는 원래 미술대학에 가고 싶었어요. 그런데 사정이 생겨서 그만두게 되었지요. 미대 입시를 준비하다가 목표가 사라지니까 처음에는 조금 힘들었어요. 그래도 낙담만 하고 있을 수는 없어서 앞으로 뭘 해야 할지 고민하는 시간을 가졌어요. 제가 손재주가 좀 있거든요? 그걸 활용해서 평소 관심 있던 네일 쪽 사업을 한번 해 보자, 했던 거지요."
 "우와, 멋져요. 그런데 사장님은 고등학생이잖아요? 이렇게 네일팁을 직접 만들면서까지 사업을 할 시간이 있나요? 직원이 있는 것도 아니잖아요."
 "학교 갔다 와서 일까지 하면 당연히 시간이 부족하죠. 체력도 많이 달리고요. 그래도 제가 좋아하는 일을 해서 그런지 이 정도는 충분히 이겨 낼 수 있는 것 같아요."

 "학생 사장님, 하루 일과가 어떻게 되나요?"

 "하교 후 집에 돌아오면 온라인 쇼핑 사이트에 쌓여 있는 문의들에 답변하는 것부터 시작해요. 그리고 주문 들어온 순서대로 네일팁을 제작하죠. 제작이 완료되면 포장해서 발송하고요. 매일매일 하는 일들이에요. 아! 그리고 나만의 고객 서비스! 우리 고객들에게 네일팁이랑 같이 키트 선물도 넣어 주는데 그것도 떨어지지 않게 준비해야 해요."

 "와, 정말 할 게 많네요!"

창업은 어려워. 그래도 도전해 볼 만해!

세 사람은 네일팁을 만들면서 한참이나 인터뷰를 이어 갔어요. 어느새 꿀자는 카메라를 고정시키고 네일팁 제작에 몰두했지요. 하지만 꿀자의 발가락으로는 한계가 있었어요. 생각보다 쉽지 않은 네일팁 제작에 결국 꿀자는 지쳐서 뒤로 벌러덩 드러누웠어요.

"꿀꿀, 이거 만드는 거 진짜 쉽지 않네요. 한참 만들었는데 기본 팁에 물감 칠하는 것밖에 못했어요. 제가 고른 색깔도 별로고요."

"쉽지 않죠? 완성도 높게 만드는 게 가장 중요하고 가장 힘들어요."

"저는 하나 만드는데도 몇 시간은 걸릴 것 같은데 사장님은 하루에 몇 시간이나 일하세요?"

"주문 수에 따라서 다른데 보통 하루에 2~3시간 정도 걸리고, 주문이 많이 들어올 때는 10시간까지 걸리는 것 같습니다."

"10시간이라고요? 꿀꿀! 잠잘 시간도 없겠어요!"

10시간!!

　지우 사장님 말을 듣다, 10시간이라는 말에 시호는 깜짝 놀랐어요. 게임이라면 10시간 동안 한 적이 있지만, 게임 외에는 무언가를 10시간 이상 한 적이 없었거든요. 시호는 다시 인터뷰를 시작했어요.

🧒 "작업 시간 실화인가요? 너무 힘들 것 같아요!"
👧 "쉽진 않죠. 하지만 보람은 있어요. 부모님한테 용돈을 받기만 하다가 이제는 스스로 돈을 번다는 성취감이 굉장히 커요. 아마 시호 님도 스스로 물건을 팔아 돈을 손에 쥐면 더 열심히 사업을 해야겠구나, 하는 생각이 절로 샘솟을걸요?"
🧒 "그럴까요? 너무 힘들면 포기하고 싶을 것 같은데요?"
👧 "사업에 한번 빠지면 헤어나기 힘들 거예요. 나는 컴퓨터 게임보다 사업이 훨씬 더 재미있어요. 소셜 미디어의 동영상을 보면서 시간 보내는 것도 좋아하긴 하는데, 그보다도 사업이 훨씬 재미있어요."
🧒 "그래도 사장님은 고등학생이잖아요? 아무래도 초등학생은 무리 아닐까요? 모르는 것도 많고, 사업하려면 뭐 신고도

하고, 서류 같은 것도 준비해야 하던데, 초등학생이 그런 걸 준비하긴 어려울 것 같아요."

🙂 "음, 하지만 초등학생이라고 해서 못할 것도 없다고 생각해요. 실제로 네일팁 사업을 하는 사람들 중에서 초등학생, 중학생도 있어요."

🙂 "정말요? 초등학생도요?"

🙂 "저도 처음에는 어떻게 네일팁 사업을 할지 막막하기만 했어요. 이걸로 돈을 벌 수 있을 거라고는 생각도 못 했거든요. 돌이켜 보니, 일단 죽이 되든 밥이 되든 시작해 보자, 생각하고 저질렀던 것 같아요."

🙂 "시작이 반이다, 이런 말이 생각나네요. 그런데 그렇게 허술하게 시작해도 되는 거예요?"

🙂 "그런데 정말 재미있는 건, 저지르고 나니까 생각보다 어렵지 않고, 실제로 사업을 하면서 배우는 게 더 많았다는 것입니다. 스스로 해결하기 정 힘들면 부모님 도움도 받을 수 있고요. 그런 게 학생 찬스 아닐까요?"

🙂 "사장님 말씀을 듣고 보니까 조금 자신감이 생기는 것 같습니다. 그런데 저의 경우 가장 큰 문제는, 무엇으로 창업을 할지 모르겠다는 거예요."

🧑‍🦰 "사실 그게 가장 어려운 부분이긴 하지요. 사업은 돈을 버는 것이 무엇보다 중요한데, 사람들이 지갑을 열고 소중한 돈을 쓰게끔 만들 만한 사업 아이템을 찾기가 정말 어렵거든요. 하지만 기자님은 아직 초등학생이잖아요? 그러니까 사업을 너무 돈벌이로만 생각하지 말고, 좋은 추억이다, 인생 경험이다, 놀이다, 라고 생각하면 좋을 것 같아요. 사실 돈을 못 번다고 해서 큰일 나는 건 아니잖아요? 본분은 학생이니까요."

🧑 "그렇다면 사업을 시작하기 전에 주의할 점을 말씀해 주실 수 있을까요?"

🧑‍🦰 "얼마나 오랫동안 꾸준히 할 수 있는지가 가장 중요합니다. 본인 스스로 결과물의 완성도와 만족도가 높은 사업에 도전해 보세요. 포기하지 않고 좋아하는 여러 가지를 시도하다 보면 즐겁게 잘할 수 있는 아이템, 그리고 돈까지 벌 수도 있는 사업 아이템을 찾을 수 있을 거예요."

🧑 "정말 멋진 말씀입니다! 지금까지 사업이라고 하면 너무 진지하게만 생각했는데, 이제부터는 사업을 놀이라고 생각하고, 인생의 좋은 경험이라고 생각할 수 있을 것 같아요. 그런 마음으로 그냥 한번 도전해 볼게요. 저는 아직 초등학생이니까요! 그러고 보니 초등학생이라는 게 오히려 더 장점인 것

같은데요?"

"맞아요! 초등학생? 사업하기 딱 좋은 나이예요!"

"학생 창업에 대해 현실적인 조언과 격려 말씀들 감사드립니다. 사장님 사업도 계속 번창하길, 더 멋진 사업가가 되길 기원할게요. 고마워요!"

"감사합니다!"

인터뷰를 마치자, 시호는 손지우 사장님 덕분에 벌써 사업가가 된 기분이 들었어요. 무언가 자신감이 생기고 빨리 나만의 사업을 시작하고 싶어졌지요. 꿀자도 카메라를 챙기고 지우 님에게 꿀윙크를 날렸어요.

둘은 반짝이는 빛과 함께 지우 사장님의 작업실에서 사라졌어요. 그러고는 다시 시호의 방으로 돌아왔어요. 방으로 돌아온 시호는 부산스럽게 무언가를 찾았어요.

"내가 어디에 놨더라?"

"시호, 오자마자 뭐 찾아?"

"아, 내 일기장. 까먹기 전에 기록해 둬야지."

"꿀, 멋진 생각이야!"

시호는 일기장을 펼쳤어요. 그리고 지우 사장님을 인터뷰하며 깨달은 점들을 정성 들여 하나하나 적었어요. 네일팁이 무엇인지, 네일팁은 어떻게 만드는지, 누나가 사업을 하면서 어떤 어려움이 있었고 어떻게 극복했는지를요. 그리고 마지막에는 오늘 깨달은 교훈까지 적었어요.

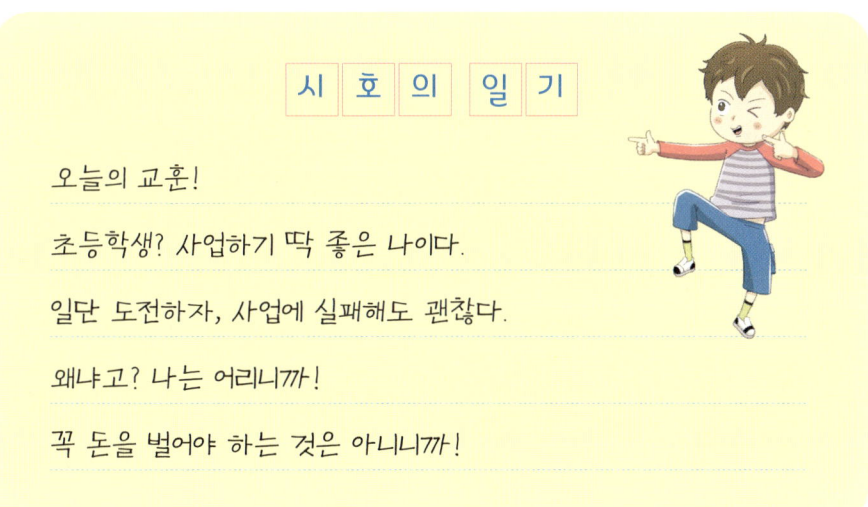

시 호 의 일 기

오늘의 교훈!

초등학생? 사업하기 딱 좋은 나이다.

일단 도전하자, 사업에 실패해도 괜찮다.

왜냐고? 나는 어리니까!

꼭 돈을 벌어야 하는 것은 아니니까!

채민이의 아동다롱TV, 콘텐츠 사업 이야기

콘텐츠도 사업이 된다고?

시호는 창업 아이디어를 얻기 위해 스마트폰으로 학생 창업에 대한 동영상을 찾아보고 있었어요. 그러다 알고리즘이 추천하는 영상 하나가 눈에 띄었어요. 시호가 화면 안으로 빨려 들어갈 것처럼 몰두하는 사이, 꿀자는 황금빛 미모를 뽐내며 시호에게 다가와 말을 걸었어요.

"시호, 뭘 그렇게 열심히 봐? 재밌는 거 있으면 같이 보자, 꿀꿀!"

"창업 아이디어가 뭐 없을까 싶어서 유튜브를 찾아보고 있었어. 마침 딱 맞는 영상을 찾아서 보고 있었지. 엄청 재밌어!"

시호가 보고 있던 영상은 초등학생들이 뽑기 기계를 직접 만드는 영상이었어요. 아롱다롱TV라는 채널의 〈말랑이 뽑기 기계 만들기!! 문방구 안 가도 되는 말랑이 캡슐 뽑기 만드는 방법〉이라는 제목의 영상이었지요. 시호가 그 영상을 꿀자에게 보여 주었어요.

"무슨 영상이야? 말랑이 뽑기 기계? 시호, 뽑기 사업 해 보려고?"

"음, 처음에는 나도 따라서 뽑기 사업을 해 볼까 생각했어. 그런데 말야, 영상을 보다 보니까… 나도 영상을 만들면 어떨까 싶은 생각이 들더라고! 유튜브 크리에이터가 되어서 영상을 만드는 것도 창업이라고 할 수 있을까?"

"당연하지! 그것도 명백하게 사업이야."

"사업이란 게 뭔데?"

사업이란?
일정한 목적과 계획을 가지고 짜임새 있게 지속적으로 어떤 일을 경영하는 것 혹은 그 일을 말해요. '비즈니스'라고도 해요.

 꿀자가 쓴 고글에서 빛이 나와 화면이 생기더니 '꿀자의 깜짝 경제 사전'이 펼쳐졌어요. 시호는 초롱초롱한 눈으로 꿀자 사전을 보며 창업 공책에 부지런히 받아 적었어요.

 "와, 꿀자 쌤 최고예요."
 "영상 같은 걸로 돈을 버는 것을 일컬어 콘텐츠 사업이라고 해!"
 "콘텐츠? 꿀자, 사전 또 보여 줘!"

콘텐츠란?
인터넷이나 컴퓨터 통신 등을 통하여 제공되는 각종 정보나 그 내용물을 말해요. 문자, 음성, 음향, 이미지, 영상 등 다양한 방식으로 제작될 수 있어요.

"요즘엔 유튜버가 꿈인 친구들이 많대."

"스타 유튜버들은 인기도 많고 돈도 많이 버니까! 근데 그런 것도 사업인 줄은 몰랐네. 꿀자, 사업은 어떤 것들이 있어?"

"자, 꿀자 사전 타임!"

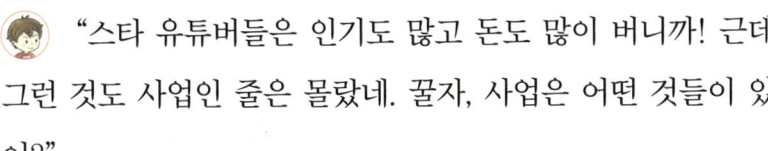

사업의 종류는?
사업은 물건을 직접 만들어서 파는 사업과 서비스를 만들어서 제공하는 사업으로 크게 나눌 수 있어요.
유튜브 영상 콘텐츠처럼 실제 물건 같은 형태는 없지만 사람들에게 즐거움이나 편의를 주는 것을 '서비스'라고 해요.

"유튜브 영상 콘텐츠도 그런 서비스로 제공되는 거야."

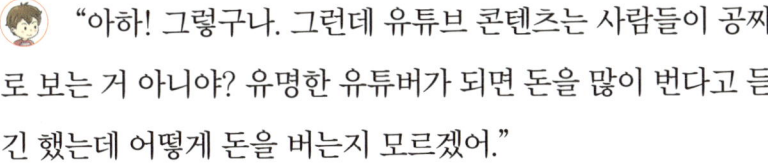"아하! 그렇구나. 그런데 유튜브 콘텐츠는 사람들이 공짜로 보는 거 아니야? 유명한 유튜버가 되면 돈을 많이 번다고 듣긴 했는데 어떻게 돈을 버는지 모르겠어."

"꿀꿀, 걱정 마. 내가 다 설명해 줄게."

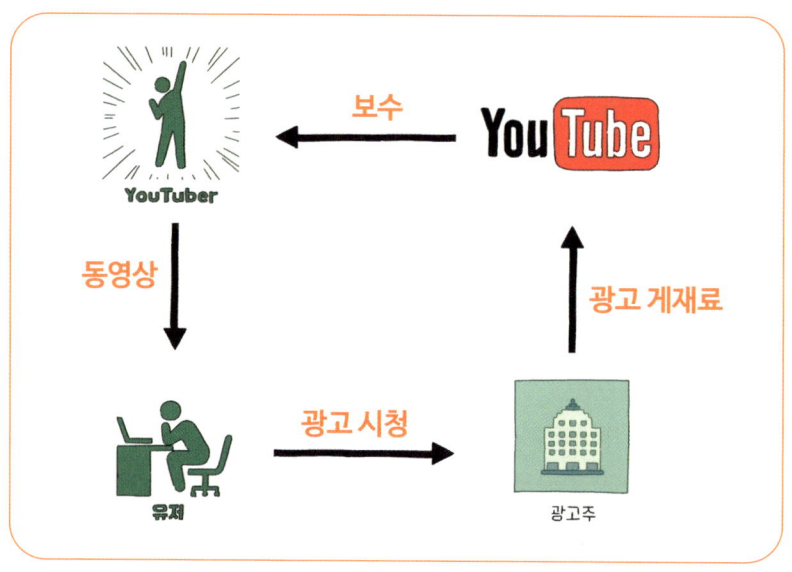

<유튜브로 돈 버는 방법>

유튜브 영상을 보다 보면 광고가 나오기도 할 거야. 기업에서 영상에 광고를 실으려면 돈을 내야 되는데, 그 돈 중 일부는 유튜브를 운영하는 구글 회사가 가져가고 다른 일부는 크리에이터인 해당 유튜버에게 주는 거야.

"아! 사용자가 영상을 보는 건 무료지만, 결국 광고주가 유튜브에 지불한 광고료 덕분에 유튜버는 돈을 벌 수 있는 거구나!"

"맞아. 내가 만든 영상을 사람들이 많이 보면 광고료로 돈을 벌 수 있지. 그리고 나를 좋아하는 구독자가 많아지면 굿즈나 책을 만들어 팔 수도 있어."

"정말? 듣고 보니까 유튜브도 좋은 사업 같아! 더 알아보고 싶은데, 방법이 없을까?"

"그렇지? 지난번처럼 이번에도 유튜브 크리에이터를 직접 찾아가서 궁금한 것을 물어보는 게 어때? 실제로 만나 보면 훨씬 더 유용하고 생생한 정보를 많이 얻을 수 있을 것 같은데? 이시호 기자님?"

"좋아, 좋아! 이왕이면 아롱다롱TV를 만든 유튜버를 만나게 해 줄 수 있을까? 나랑 나이도 비슷한 것 같고, 왠지 느낌도 좋아. 꿀자, 너의 능력을 보여 줘!"

"오케이! 그러면, 동전 준비하시고, 주문을 외우자!"

"꿀꿀! 꿀꾸리꿀꿀 꿀꿀!"

이름: 아롱(유리)과 다롱(채민)
사업: 아롱다롱TV 운영, 약 12만 3천 명의 구독자를 보유하고 있는 인기 유튜버
특징: 10대 남매가 가족과 함께하는 일상을 영상으로 담는다. 또래 친구들이 좋아하는 놀이와 게임, 남매간의 대결이나 챌린지, 여행이나 일상 등 다양한 콘텐츠가 있다.

유튜브 촬영 현장 속으로

꿀자의 마법으로 시호는 어느 스튜디오로 이동했어요. 스튜디오에서는 동영상에서 보았던 아롱과 다롱이 엄마로 보이는 아주머니와 동영상을 촬영하고 있었어요. 유튜버를 직접 보다니, 시호는 꿈만 같았지요.

"이번에는 파피몬의 파인애플 케이크네요. 라임맛이 날 것 같은데요?"
"네! 굉장히 맛있을 것 같아요. 사실 저희 둘 다 파인애플을 엄청 좋아하거든요."
"저는 아니에요. 피자에 들어가는 파인애플은 정말 별로거든요."
"맞아요! 파인애플은 생과일로 먹어야 맛있죠."

한참 영상을 촬영 중이던 아롱과 다롱은 구경하던 시호와 꿀자를 발견하고는 눈이 동그래졌어요. 하지만 촬영을 멈추지 않고 카메라를 보고 능숙하게 계속 말했지요.

"여러분, 잠깐만요! 지금 손님이 와 있어요. 여기에는 언제 들어왔는지 모르겠는데, 지금 저희를 보고 있네요."

"한 명은 초등학생 같고, 한 명, 아니 한 마리는… 사람이 아니라 돼지 저금통이에요. 그런데 돼지 저금통이 움직여요! 눈도 깜빡이면서 저희를 바라보는데요? 대박 사건! 인터뷰를 한번 해 보겠습니다."

시호와 꿀자는 생각할 겨를도 없이 카메라 앵글 안으로 들어갔어요. 아롱과 다롱도 엄마가 섭외한 게스트쯤으로 생각한 것 같았어요.

"안녕하세요?"

"네…. 아…, 안녕하세요?"

"…."

"저희 스튜디오를 방문해 주셔서 감사합니다. 자기소개 부탁드려도 될까요?"

"안녕하세요? 저는 금교 초등학교 6학년이고, 이름은 이시호입니다."

"6학년이면 저랑 동갑이네요. 반가워요."

다롱은 뜻밖에 동갑내기 친구를 만나 정말 반가웠어요. 활짝 핀 미소에 시호도 조금은 긴장이 풀렸지요.

"네, 반갑습니다."
"옆에 있는 이 귀여운 돼지는 누구예요?"
"꿀꿀! 제 이름은 꿀자입니다. 시호 절친이고요!"
"우와! 돼지 저금통이 말도 하네요! 이렇게 특별한 손님은 처음인데, 두 분 괜찮으시면 저희 오늘 주머니몬 빵 먹방하는데 특별 게스트로 함께하시는 거 어떠세요?"
"특별 게스트요? 영상 촬영은 해 본 적이 없…."

🍯 "좋아요! 먹방 꼭 한번 해 보고 싶었는데, 너무너무 좋아요. 꿀꿀!"

시호와 꿀자는 의도치 않게 유튜브 방송에 특별 게스트로 초대되어 아롱다롱TV에 출연하게 되었어요. 인터뷰를 하러 갔는데 인터뷰를 당하고 만 것이지요.

인기 유튜버와 동갑 친구가 되다

영상 촬영이 끝나자, 아롱과 다롱은 기다렸다는 듯 눈을 반짝이며 시호에게 다가와 말을 걸었어요.

👦 "오늘이 첫 촬영이라고 하셨는데, 소감이 어때요?"
🧒 "아직도 얼떨떨해요. 잘했는지 모르겠어요. 괜히 저 때문에 영상 망친 건 아닌지….."
👧 "별말씀을요! 전혀 아니에요. 두 분이 특별 게스트로 나와 주어서 훨씬 더 재미있었어요. 특히 꿀자가 먹방할 때 정

말 맛있게 먹어 줘서 조회 수가 높게 나올 것 같아요!"

"히히, 꿀꿀, 먹는 건 언제든지 대환영입니다. 맨날 동전만 먹다가 오랜만에 맛있는 음식을 먹으니까 진짜 행복했어요, 꿀꿀!"

꿀자의 말에 모두 크게 웃었어요. 꿀자는 정말로 행복해 보였지요. 아롱과 다롱은 자기소개를 했어요. 다롱은 동갑인 시호가 마음에 든 모양이었어요.

"내 이름은 유리예요. 오늘 고마웠어요. 내가 누나니까 말 놓아도 되지? 시호도 말 편하게 해. 꿀자도!"

"시호, 내 본명은 채민이야. 둘 다 6학년인데 우리 그냥 말 놓을까?"

"응…, 그래…. 좋아!"

"그래, 그러면 말 놓을게. 그런데 우리 스튜디오는 왜 온 거야?"

"사실 내 꿈은 창업가가 되는 거야! 나는 꼭 창업을 할 거야! 어떤 창업을 할지 고민하다가, 유튜브 크리에이터가 되는 것에도 관심이 생겼어. 그래서 유튜버를 만나게 해 달라고 꿀자한테 부탁했어."

"꿀자가 하느님이야? 왜 꿀자에게 소원을 말해?"

"나에게 소원을 들어주는 특별한 능력이 있거든."

"우아, 대단하다. 나중에 그 능력을 이용해서 영상 한 번 찍어도 될까?"

"당연하지! 언제든지 환영이야!"

"시호야, 그래서 오늘 스튜디오 방문이 네 꿈을 이루는 데 조금이라도 도움이 됐어?"

"물론이지! 어떻게 촬영하는지 궁금했는데 장비도 보고 직접 출연도 하고, 이 모든 것이 생각지도 못했던 멋진 경험이야! 정말 큰 도움이 됐어. 방해가 될 수도 있을 텐데 기회를 줘서 고마워!"

"에이, 이래 봬도 나는 인기 유튜버야. 이 정도는 얼마든지 알려 줄 수 있다고! 또 궁금한 건 없어?"

"오, 채민아, 그럼 정말 더 물어봐도 돼?"

"당연하지, 무엇이든 물어봐!"

유튜버를 인터뷰하다

시호는 스튜디오에 오기 전, 인터뷰할 내용들을 미리 수첩에 적어 왔어요. 시호는 두근거리는 마음으로 유튜버와 관련된 내용들을 물어보았어요.

"유튜브 크리에이터가 된 계기가 있어? 동영상 콘텐츠는 처음에 어떻게 만들었어?"

"누나랑 나는 어릴 때부터 유튜버들을 좋아했어. 그러다 우연한 기회에 CJ ENM에서 개최한 제1회 다이아 TV 키즈크리에이터 선발 대회에 참가하게 되었지. 누나랑 함께 도전

했는데 운 좋게 200대 1의 경쟁률을 뚫고 상을 타면서 본격적으로 영상을 만들게 됐어."

 "유튜브 콘텐츠를 만드는 과정을 설명해 줄래?"

<유튜브 영상 제작 과정>

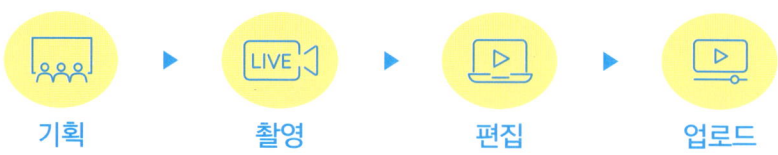

"유튜브 콘텐츠는 '기획-촬영-편집-업로드'의 과정을 거쳐. 주로 나랑 누나가 또래 친구들이 좋아하는 놀이나 일상에 대한 아이디어를 찾아 엄마한테 말씀드리는 식이야."

"그런 다음엔?"

"촬영을 시작하지! 촬영은 엄마가 도와주시거나 셀프 촬영을 해."

"촬영이 끝난 다음엔 업로드하면 되는 거야?"

"편집도 필요해! 누나랑 나는 아무래도 학교도 가고 학원도 가야 하기 때문에, 편집은 엄마가 많이 도와주고 계셔."

"아롱다롱TV 보니까 댓글로 정보도 알려 주고, 구독자가 단 댓글에 답변도 달렸던데, 그런 건 누가 하는 거야?"

"업로드와 채널 관리도 엄마가 해 주셔. 우리는 아직 학생이기 때문에 악플로 상처받거나 유튜브에 시간을 너무 많이 뺏기면 학업에 지장을 받으니까 서로 역할을 정했서 분담

하고 있어."

🧑 "가족 경영이네! 정말 멋있다. 나처럼 초보 친구들을 위해서 영상을 제작하는 데 어떤 장비가 필요한지 알려 줄 수 있어?"

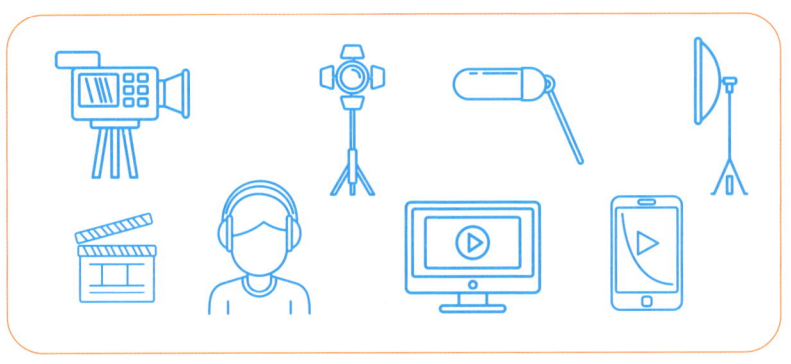

<영상 제작에 필요한 준비물>

🧑 "스마트폰 하나만 있으면 촬영부터 편집, 채널 관리까지 다 가능해."

🧑 "정말? 나도 스마트폰은 있는데! 정말 이거 하나면 된다고?"

🧑 "물론 세상에는 고급 카메라, 조명, 마이크 등 다양한 영상 장비가 있어. 하지만 처음이라면, 스마트폰 하나로 충분

히 시작할 수 있어. 나도 카메라가 따로 있지만 그냥 스마트폰으로 찍는 경우가 많아."

"맞아! 스마트폰이 엄청 좋은 게 많으니까! 촬영은 그렇다 쳐도, 편집하려면 어차피 다른 장비가 필요하지 않아?"

"편집도 요즘엔 스마트폰용 앱이 훌륭한 게 많아. 많은 유튜버들이 그냥 스마트폰으로 편집도 하고 있을걸?"

"그렇구나! 정말 생각도 못 했다. 알았으면 나도 뭐라도 진작에 했을 텐데!"

"그뿐이 아니야. 댓글 관리나 유튜브 채널 분석까지 스마트폰 하나로 다 가능해! 그러니까 처음부터 장비에 너무 크게 신경 안 써도 된단 말씀!"

"채민아, 너희 계정에 구독자 진짜 많던데! 구독자 관리는 어떻게 해?

"우리 구독자분들과 소통할 수 있는 SNS도 운영하고, 유튜브 커뮤니티를 통해 꾸준히 소식을 전하고 있어. 길 가다가 팬분들 만나는 경우도 종종 있는데 반갑게 인사하고 사진도 찍으면서 좋은 인상을 주기 위해 노력하지."

🧒 "우아! 채민이 너 꼭 슈퍼스타 같아! 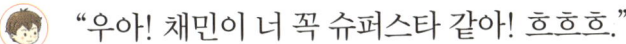ㅎㅎㅎ."

👦 "크크, 사인 좀 해 드릴까요?"

🧒 "채민아, 자세히 설명해 줘서 정말 고마워. 큰 도움이 됐어. 특히 스마트폰 하나로 다 가능하다니! 덕분에 자신감이 뿜뿜 생겼어!"

👦 "정말? 잘됐다. 나도 처음에는 유튜브 콘텐츠들 보면서 막연하게 해 보고 싶다는 생각만 했어. 그랬는데 막상 시작해 보니까 크게 어렵지는 않더라고, 히히!"

시호가 보디빌더처럼 두 팔을 들어 올리며 자신감 넘치는 포즈를 취하자, 채민이도 함께 기뻐했어요. 이 둘을 옆에서 조용히 지켜보던 꿀자가 아롱이인 유리에게 슬그머니 다가가 말을 걸었어요.

🐥 "아롱 님, 아니 유리, 나도 궁금한 게 하나 있는데…."

👧 "깜짝이야! 말하는 돼지라니, 아직 적응이 안 되어서…. 미안해, 꿀자야. 근데 뭐가 궁금해?"

🐥 "무엇보다 나에겐 돈이 중요해. 그래서 던지는 마지막 질문! 아롱다롱TV로 한 달에 얼마나 벌고 있어? 유튜브 수입 말이야!"

 "뭐? 하하하, 그건 비밀이야."

원하는 대답을 듣지 못한 꿀자가 시무룩해져서는 꼬리가 힘없이 내려갔어요. 그때 채민이가 다가왔어요. 시호는 꿀자가 무례한 질문을 한 것 같아 괜히 안절부절못했지요.

👦 "얼마 버는지 말하기는 좀 그렇고, 대신 이거 하나는 말해 줄게. 유튜브 채널 운영으로 광고 수익도 들어오긴 해. 그런데 광고료 말고도 부수입이 있어. 유튜브의 다른 채널이나 EBS 같은 곳에 출연할 때가 있거든. 그럴 때엔 출연료를 받아. 출연료 수익도 꽤 좋은 편이야. 돈도 돈인데, 방송 출연은 정말 귀중한 경험인 것 같아."

👦 "방송 출연? 오, 정말 멋지다. 나도 채민이랑 유리 누나처럼 꼭 크리에이터가 되고 싶어!"

👦 "그래, 꼭 한번 도전해 봐! 그리고 나중에 채널 만들면, 우리 초대해 줘. 꼭 나갈게. 합방하자고! 서로 채널 홍보

도 해 주기로 약속!"

🧒 "오, 정말 좋은 생각이다! 그렇게만 되면 얼마나 좋을까? 채민이 너, 유튜브 천재야!"

🧒 "유튜버 선배로 잘 모시도록! 크크."

그때 채민이네 어머니께서 음료수와 간식을 가져오셨어요. 시호와 꿀자는 어머니에게도 감사 인사를 드렸지요. 시호는 채민이와 유리 누나 말고 어머니가 하시는 일에 대해서도 관심이 생겨 인터뷰를 요청했어요.

🧒 "어머니께서 편집을 주로 하신다고 들었어요. 아롱다롱 TV 영상들은 보기 편하고 재밌던데, 정말 대단하세요! 영상 편집을 하실 때 어떤 도구를 사용하세요?"

👩 "우리가 유튜브를 처음 시작한 게 2015년이었어. 그때만 하더라도 편집 앱이 많지 않고, 또 유튜브에서 편집을 알려 주는 영상도 거의 없었지."

🧒 "그럼 어디에서 배우신 거예요? 컴퓨터 학원?"

👩 "음, 편집은 진짜 어렵긴 했어. 처음에는 스마트폰 편집 앱인 아이무비와 곰믹스 무료 버전을 사용했어. 이후 독학

으로 어도비 프리미어라는 편집 프로그램을 배웠지. 지금도 프리미어를 사용 중이야. 영상에 따라 블로(VLLO)라는 앱을 사용하기도 해."

"저는 혼자서 채널을 운영할 것 같은데, 저 같은 사람에게 추천해 주고 싶은 프로그램이 있을까요?"

"혼자서 채널을 운영하고 싶은 학생들에게는 블로나 키네마스터를 추천해."

"와, 감사합니다!"

시호는 어려운 이름들이 나오자 정신이 혼미해지는 것 같았지만, 내색하지 않으려고 애썼어요. 대신 까먹을 것 같아 수첩에 열심히 메모했지요.

시호는 문득 유튜브 보는 걸 싫어하시는 엄마가 생각났어요. 시호네 엄마는 정해진 시간, 물론 시호에게는 턱없이 부족한 시간만큼만 유튜브 영상을 볼 수 있게 하셨거든요. 그런데 시호가 유튜브 크리에이터가 된다면? 시호는 갑자기 걱정이 되었어요.

　"자녀의 꿈을 적극적으로 지지해 주는 아주머니를 보니까 채민이가 더욱 부러워요. 부모님들은 자녀가 유튜브 크리에이터가 된다고 하면 대부분 말리실 것 같아요. 우리 엄마도 마찬가지고요. 공부 안 할까 봐요. 그런 부모님들에게 한 말씀 부탁드려요! 긍정적으로요, 히히."

　"사실 유튜브 운영과 공부 성적은 크게 상관없는 것 같아. 우리 아이들이 친구들한테 자주 듣는 말 중 하나가 유튜버라 공부 못할 줄 알았다는 말이래. 우리 애들은 유튜브 활동을 하지만, 학교생활과 공부 역시 소홀하지 않아. 둘 다 학교에서 전교 회장을 맡을 정도로 책임감도 강하고 학교 일에 적극적이거든. 함께 시작한 다른 키즈 크리에이터들도 보면 대개 학교 성적이 우수한 편이야."

　"와, 정말요? 공부 잘하는 애들이 똑똑하니까 크리에이터도 잘하는 걸까요?"

🙍 "히히, 그건 잘 모르겠지만, 나는 아이가 정말 하고 싶어 하면, 무조건 안 된다고 하는 것보다 왜 하고 싶은지 어떻게 운영할 건지, 아이가 주도적으로 어떻게 할 계획이고, 부모로서 어떤 도움을 주면 될지 함께 논의해 보는 것이 교육적으로도 더 좋다고 생각해."

🧑 "와, 녹음해서 그대로 엄마에게 들려 드려야겠어요, 히히. 아주머니가 채민이와 유리 누나에게 유튜버로서 활동할 수 있게 적극 지원해 주시는 이유는 무엇인가요?"

🙍 "현재 우리 아이들이 유튜버로 활동하는 것은 하나의 과정이라고 생각해. 아이들이 훗날 무언가 되고 싶을 때 지금 하는 일들이 좋은 경험이 되길 바라거든. 꾸준하다는 것의 의미, 또 무언가를 인내하고 지켜 왔을 때 그에 대한 결과가 꼭 돌아온다는 것들을 유튜버 활동을 통해 깨우치길 바라고 있어. 그리고 지금 하고 있는 창의적인 활동, 콘텐츠 소비자가 아닌 창작자로 살아가는 것이 얼마나 즐겁고 설레는 일인지 몸소 깨우치고, 그냥 현재를 즐겼으면 좋겠어."

🧑 "마지막으로, 아롱다롱TV를 통해 앞으로 이루고 싶은 비전이 있으면 말씀해 주세요."

🧑‍🦰 "유리 아빠와 나는 아이들이 유튜브를 하고 싶지 않다고 할 때까지 계속 도와줄 거야. 늘 선택권은 아이들에게 있다고 생각하거든."

👦 "아주머니에게는 이 채널이 어떤 의미가 있나요?"

🧑‍🦰 "우리 가족, 특히 나의 경우 아이들의 성장이나 가족의 추억을 기록하는 것에 의미를 두기 때문에 유튜브 외 또 다른 플랫폼이 나온다면 또 다른 것을 할 수도 있을 거야. 아이들이 나중에 커서 자신의 어릴 적 모습, 그리고 함께 만들었던 콘텐츠를 보면서 즐거웠던 추억을 떠올리면 좋을 것 같아. 비전이라고 하긴 거창하지만, 꾸준히 오랫동안 지금의 구독자분들과 함께 성장하는 채널이 되고 싶어."

시호는 채민이 어머니의 진심이 느껴져서 자기도 모르게 고개를 끄덕였어요. 가슴속이 무언가로 차오르는 것이 느껴졌지요. 꿀자는 요술봉을 만지작거렸어요. 떠날 시간이 온 거예요.

🧚 "시호랑 저는 이제 가 봐야 해요."

👦 "아주머니, 귀찮게 해 드린 것 같아 죄송해요. 아이들 꿈을 응원해 주는 어른, 정말 멋져요."

"뭘, 그렇게 말해 주니 고마워. 엄마 설득하는 거 도움 필요하면 언제든 연락하고!"

"고맙습니다."

"친구, 만나서 반가웠어!"

"우리 방송에도 나와 줘서 고맙고!"

"채민이와 유리 누나, 정말 고마워. 앞으로도 '구독'과 '좋아요' 잊지 않을게!"

"나도 고마워, 꿀꿀! 나중에 또 만나요!"

꿀자는 모두에게 꿀윙크를 날렸어요. 시호와 꿀자는 반짝이는 빛과 함께 촬영 장소에서 사라졌어요.

시호는 집으로 돌아오자마자 일기장을 펼쳤어요. 오늘 느끼고 깨달은 것들이 사라지기 전에 소중하게 기록해 둬야겠다고 생각했거든요. 시호는 오늘의 소중한 경험을 한 글자 한 글자 정성 들여 기록했어요.

시 호 의 일 기

채민이 너무 멋있다. 나랑 나이도 같은데 크리에이터로 활동하고 있다는 것이 부럽고 대단하다는 생각이 들었다.

크리에이터, 스마트폰 하나로 가능하다는 채민이의 말이 가장 기억에 남는다. 모든 것은 좋은 경험이 된다는 아주머니 말도 꼭 기억해야겠다.

어렵다고 생각하지 말고 일단 도전하자. 실제로 부딪혀 보면 별것 아니라고 하니까 한번 도전해 보자!

시호, 해 봤어? 해 보긴 했어?

쿠즈 이제우 대표, MCN 사업 이야기

콘텐츠 관리도 사업이 된다고?

시호는 채민이 가족을 만나고 난 뒤 더욱더 간절히 크리에이터의 꿈을 꾸게 되었어요. 장비 걱정은 덜었지만 혼자서 어떻게 무엇부터 시작해야 할지 막막했지요.

 "시호, 무슨 고민 있어?"
 "응, 크리에이터가 되고 싶은데, 너무 막막해. 채민이 만났을 땐 당장이라도 시작할 수 있을 것 같았는데!"
 "잠깐만! 내가 검색 좀 해 볼게."

이름: 이제우

소속 / 직위: 쿠즈 / 대표

비전: 세상에 선한 영향을 끼치는 소셜 벤처 기업인

특징: 중학교 2학년 때 쿠즈(콘텐츠 관리 업체) 창업
　　　커넥션(비영리 청소년 네트워크) 운영

수상 경력: 2019 제13회 자랑스러운 청소년대상 수상
　　　　　2019 중소벤처기업부장관 표창

꿀자는 집중해서 클릭, 클릭, 클릭을 이어 갔어요. 쭉 살펴보니 "조회 수와 구독자 많은 유튜버 채널로 관리해 드립니다."와 같은 광고 문구들도 보였어요. 그러다가 MCN이라고, 크리에이터들에게도 연예기획사처럼 기획사가 있다는 것을 알게 되었지요. 마침내 꿀자가 꿀꿀꿀꿀거리며 좋아했어요.

 "찾았어?"
 "오케이! 그러면, 동전 준비하시고, 주문을 외우자!"
 "꿀꿀! 꿀꾸리꿀꿀 꿀꿀!"

시호와 꿀자는 빙글빙글 돌며 어느 공간으로 이동했어요. 도착한 곳에서는 대학생으로 보이는 젊은 형이 청소년들을 대상으로 멘토링 강의를 하고 있었어요. 시호와 꿀자는 강의가 끝나기를 기다렸다가 얼른 다가가 인터뷰를 요청했어요.

"안녕하세요? 꿀꿀 어린이창업 TV 이시호 기자입니다. 잠깐 인터뷰 가능하신가요?"

강의를 마치고 장비를 정리하던 이제우 대표는 어린이 기자로 변신한 시호와 카메라를 들고 있는 꿀자를 보고 깜짝 놀랐어요. 하지만 시호의 설명을 듣고는 평소 학생들의 진로를 함께 고민하고 멘토링하는 데 관심이 있던 터라 인터뷰를 허락해 주었지요.

"꿀꿀 어린이창업 TV, '이시호가 간다'의 이시호 기자입니다. 오늘은 초등학교 5학년 때 아프리카TV와 유튜브를 통해 게임 관련 영상으로 구독자들과 소통하면서 멋진 크리에이터로 성공한 뒤 MCN 관련 회사를 창업한 이제우 대표님을 만나 보도록 하겠습니다. 대표님, 자기소개 부탁드립니다."

🧑 "안녕하세요? 저는 MCN, 즉 크리에이터 기획사 쿠즈의 대표 이제우라고 합니다. 중학교 때 초보 크리에이터들을 돕기 위한 커뮤니티, 쿠즈를 만들어 운영하던 게 계기가 되어 개인 사업까지 하게 되었네요."

🧑 "MCN 사업이 무엇인가요?

🧑 "MCN은 Multi Channel Network의 약자예요. 유튜브, 아프리카TV, 트위치, 인스타그램, 틱톡 등에 콘텐츠를 올려서 수익을 창출하는 1인 크리에이터에게 콘텐츠 제작 노하우도 알려 주고, 활동을 지원해 주는 회사라고 보면 됩니다. 한마디로 1인 크리에이터를 위한 엔터테인먼트 회사인 거죠."

시호는 크리에이터뿐 아니라 크리에이터를 위한 사업도 있다는 건 미처 생각하지 못했어요. 그것도 학생 신분에 기획사를 만들었다는 게 믿기지 않았지요.

🧑 "중학생 때 쿠즈를 만드셨다고 하셨는데요, 정말인가요? 중학생이 회사를 차리긴 쉽지 않았을 것 같은데요?"

🧑 "중학생이라 법적인 부분이랑 세무적인 부분이 너무 어려웠는데 다행히 저희 아버지가 사업 경험이 있으셔서 많은 도

움을 주셨어요. 그렇다고 처음부터 제가 창업하는 걸 찬성하신 건 아니에요. 반대하시는 부모님 앞에서 사업 PT까지 하면서 설득에 성공했어요."

🧑 "중학생, 고등학생 때 학업이랑 사업을 병행하기 쉽지 않았을 것 같아요."

🧑 "하하, 중학교 때는 내신 성적이 크게 떨어지지 않았어요. 그런데 고등학생이 되어서는 사업을 본격적으로 확장하면서 성적이 떨어지더라고요. 특히 꾸준히 공부해야 하는 수학이 쉽지 않았어요. 그래도 시간을 효율적으로 활용하면서 사업과 공부를 잘 병행했던 것 같아요."

🧑 "오, 정말 대단하십니다! 크리에이터 기획사라는 쿠즈는 크리에이터들에게 주로 어떤 도움을 주나요?"

🧑 "소속 크리에이터분들이 콘텐츠를 잘 만들 수 있게 컨설팅도 해 주고 맞춤형으로 템플릿도 제공해 주고 있어요. 그리고 콘텐츠에 광고도 실을 수 있게 도와 크리에이터분들이 돈을 벌 수 있게 해 드리지요."

🧑 "그렇다면 쿠즈는 어떤 방식으로 돈을 버나요?"

이제우 쿠즈 대표는 노트북으로 도표를 보여 주었어요.

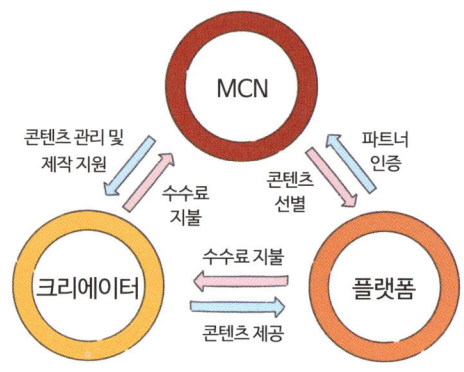

🧒 "소속 크리에이터분들이 콘텐츠를 잘 만들 수 있게 도움을 드리고, 그 대가로 돈을 받아요. 그리고 영상에 광고를 실을 수 있게 소개해 주고도 수수료를 받지요. 이 외에도 다른 MCN이랑 컬래버를 하면서 수입이 발생하기도 해요."

🧒 "서로 좋은 윈윈 사업이네요! 창업을 하고 싶은 예비 창업가들에게 하고 싶은 말씀 있으신가요?"

🧒 "창업이 좋은 이유는 성공의 한계가 없어서인 것 같아요. 반대로 선택에 대한 책임을 져야 한다는 부담도 있지요. 일하는 시간이 정해져 있지 않기 때문에 24시간 일할 수도 있고, 성공의 한계가 없는 대신 실패에 한계도 없죠. 여러분에게 창업 선배로서 조언한다면, 좋아하는 것과 창업을 연동시

켜 보라는 거예요. 그래야 창업의 위험을 줄일 수 있다고 생각해요."

 "저도 크리에이터 꿈나무인데, 앞으로 잘 부탁드립니다."
 "네! 모두의 꿈을 응원합니다!"

시호는 인터뷰에 응해 준 이제우 대표님에게 감사의 인사를 드렸고, 꿀자는 꿀윙크를 날렸어요.

시호와 꿀자는 다시 한번 반짝이는 빛과 함께 사라졌어요. 시호는 이제우 대표와의 만남도 일기장에 기록했지요.

시 호 의 일 기

이제우 대표님 정말 멋있다. 초등학교 5학년 때 크리에이터를 시작하셨더니, 나는 지금 시작해도 너무 이른 것이 아니다!
내 꿈을 이루는 것뿐만 아니라 다른 사람의 꿈도 이룰 수 있게 도와주는 삶, 그런 삶을 나도 살고 싶다.

핫첩 만드는 김재익 대표, 식품 사업 이야기

오, 이건 무슨 맛이지?

시호는 학교를 마치고 집에 들어오자마자 부랴부랴 주방으로 뛰어 들어갔어요. 배가 너무 고팠기 때문이에요. 뭐 먹을 게 없는지 냉장고를 뒤지다가 해시브라운을 발견했지요. 어제 엄마가 사 오셔서 먹다가 남은 거였어요.

시호는 해시브라운을 꺼내 전자레인지에 살짝 돌렸어요. 식탁에 가져와 한입 먹으려는 순간, 뭔가 허전했어요. 시호는 다시 냉장고를 열어 케첩 소스를 꺼냈어요. 해시브라운을 소스에 찍어서 단숨에 한입 물었지요.

"뭐지? 이건 보통 케첩이 아닌데? 왜 매운데 맛있지?"

시호는 처음 느껴 보는 맛에 당황했어요. 하지만 매력적인 맛에 홀려 허겁지겁 해

시브라운을 먹고, 식빵에까지 소스를 발라 다 먹어 치웠지요. 다 먹고 나서야 옆에 있던 케첩통이 눈에 들어왔어요. 통에는 'HOTCHUP'이라는 상표가 붙어 있었어요.

시호는 '핫첩'을 검색하다가 깜짝 놀라 꿀자를 불렀어요.

"꿀자, 이것 좀 봐. 너무 멋져!"

"나? 나 멋져? 꿀꿀! 근데 뭘 그렇게 들여다보고 있어?"

"방금 핫첩이라는 케첩을 먹었는데 진짜 맛있어. 근데 그거 만든 회사 CEO가 초등학생이야!"

"우와! 정말? 핫첩이 그렇게 맛있어? 꿀꿀, 침 고인다."

"응, 정말 맛있어. 아무튼 거기 CEO가 나 같은 초등학생 때 회사를 만들었대! 너무 놀랍지 않아? 나, 지금 당장 김재익 대표를 만나고 싶어."

"좋은 생각인데? 당장 만나러 가자!"

이름: 김재익
나이: 13살
직업: 핫첩을 만드는 웜미들컴퍼니 CEO
좌우명: 맛있는 음식은 나누어 먹어야 더 맛있다.

꿀자는 꿀윙크를 날리며 시호에게 신호를 보냈어요.

 "오케이! 그러면, 동전 준비하시고, 주문을 외우자!"
 "꿀꿀! 꿀꾸리꿀꿀 꿀꿀!"

시호와 꿀자가 도착한 곳은 김재익 대표와 직원들이 구슬땀을 흘리며 핫첩을 만들고 있는 공유 주방이었어요. 둘이 갑자기 나타나자 핫첩을 열심히 만들던 사람들이 하마터면 주걱을 떨어뜨릴 뻔했지요. 그도 그럴 것이 갑자기 나타난 데다가 하나는 사람이 아니라 말하는 돼지였으니까요.
학생처럼 보이는 어린 남자아이가 나섰어요.
"앗, 깜짝이야! 누구세요?"
"안녕하세요? 저는 시호라고 하고, 얘는 제 친구, 말하는 돼지 꿀자예요. 저는 창업 꿈나무입니다."
"푸하하, 되게 귀여운 저금통이네. 여기는 어떻게 온 거니?"
남자아이의 말에 시호는 자초지종을 설명하고 인터뷰를 요청했어요.

 "꿀꿀 어린이창업 TV, '이시호가 간다'의 이시호 기자입니다. 제가 얼마 전 핫첩이라는 것을 처음 먹어 보았는데요, 정말 맛있더라고요. 그래서 핫첩은 어디에서 누가 만든 건지 궁금해서 찾아와 보았습니다. 놀랍게도 핫첩을 만든 대표님이 저희 같은 초등학생 때 창업을 했다고 하셔서 이렇게 만나러 왔어요. 대표님, 자기소개 부탁드립니다."

"만나서 반가워요. 핫첩은 사실 저희 회사 제품 이름이고, 저희 회사는 웜미들컴퍼니입니다. 저는 웜미들컴퍼니의 CEO, 김재익이라고 해요."

"반갑습니다. 저도 재익 님처럼 CEO가 되는 것이 꿈이라서 열심히 공부하고 노력하고 있어요. 회사 소개 좀 해 주시겠어요?"

"여기는 저희 아빠이자, 코파운더 김우진 님, 여기는 제 동생이자 CMO인 김채원 님입니다."

"코파운더? CMO?"

"코파운더(CO-founder)는 공동 창업주를 뜻하고, CMO는 Chief Marketing Officer의 약자로, 회사에서 마케팅을 책임지는 경영자를 뜻해요."

"반가워요, 저는 웜미들컴퍼니 코파운더 김우진이라고 합니다. 재익, 채원의 아빠이고요."

"반갑습니다. 그러고 보니까 가족이 함께 웜미들컴퍼니를 운영하시는 거네요? 정말 멋져요!"

우리 가족은 웜미들컴퍼니를 함께 운영합니다.

꿀자가 갑자기 코를 킁킁거리며 말했어요.

"꿀꿀, 뭔가 맛있는 냄새가 솔솔 나는데요? 지금 뭐 하고 계시는 건지 알려 주시면 좋을 것 같아요."
"핫첩의 새로운 버전을 연구 개발하고 있었어요."
"연구 개발요? 오, 기대되어요! 핫첩도 정말 맛있었는데, 업그레이드되는 건가요?"
"하하, 기대해 주셔서 고마워요."
"저, 정말 궁금한 게 많은데, 인터뷰를 계속 이어 가도 될까요?"
"그럼요. 무엇이든 물어보세요."
"핫첩이 무엇인지 소개해 주실 수 있나요?"
"핫첩은 25년 전 코파운더 김우진 님이 만드신 소스예요. 본인 입맛에 맞게 너무 맵지도, 너무 달지도 않은 딱 적당한 맛을 찾아 소스를 조합하면서 만들게 되셨대요. 핫도그, 만두, 부리토, 나초, 해시브라운 등 저희가 핫첩 친구들이라고 부르는 이런 음식들이랑 찰떡궁합이에요."

 "핫첩 사업은 어떻게 처음 시작하게 되었나요?"
 "원래는 핫첩을 만들어 주변 지인들과 나누기만 했어요. 그러다가 2019년부터 만들어 팔기로 하고, 플리마켓에서 테스트도 해 보면서 실제 판매를 시작했어요. 삼성동 햄버거 가게에 네 통을 팔았던 것이 첫 주문이었지요."

시호는 코파운더 김우진 대표를 향해 마이크를 넘기며 인터뷰를 이어 갔어요.

 "회사는 어떻게 설립하게 되었나요?"
 "몇 개 되진 않았지만, 재익 대표와 핫첩을 만들고 팔다 보니까 핫첩 사업을 하면 더 좋겠다는 생각이 들었어요."
 "자녀분인 재익 님은 학생인데, 굳이 학생에게 사업 제안을 하신 이유가 있을까요?"
 "교육적으로도 좋을 것 같았어요. 사업을 하는 과정에

서 많은 것을 배울 수 있을 것 같았거든요. 도전 정신, 성실함, 배려심 등은 기본이고, 더 많은 것을 배울 거라고 생각했어요."

시호는 사업이 교육에도 좋다는 생각은 미처 하지 못했어요. 오히려 공부에 방해가 될 거라고만 생각했지요. 더욱이 어른들은 모두 같은 생각일 것 같았는데, 재익이 아버님인 우진 대표님이 정말 대단하시다는 생각이 들었지요.
시호는 재익 대표에게 다시 질문했어요.

"재익 님, 초등학생 때부터 회사를 운영하셨는데요, 어려운 점은 없었나요?"
"특별히 어려운 것은 없었어요. 언제나 바로 옆에 좋은 멘토가 있었으니까요. 코파운더이자 저의 멘토인 김우진 대표님 덕분에 핫첩 마케팅부터 생산, 판매까지 수월하게 할 수 있었어요. 더불어 매출, 이익, 배당 같은 경제 개념도 잘 알게 되었고요."

꿀자는 카메라로 촬영하다가 액정으로 시호를 보았어요. 당황한 기색이었지요. 아무래도 어려운 용어가 쏟아져서인 것 같앉어요. 꿀자는 '꿀자 사전'을 펼쳐 보였어요.

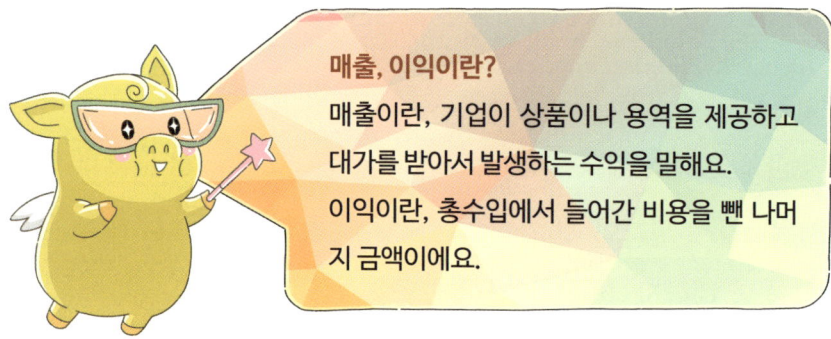

매출, 이익이란?
매출이란, 기업이 상품이나 용역을 제공하고 대가를 받아서 발생하는 수익을 말해요.
이익이란, 총수입에서 들어간 비용을 뺀 나머지 금액이에요.

"김재익 대표님이 가장 크게 성장했던 순간은 언제인가요?"

"〈유니콘하우스〉라는 스타트업 창업 지원 프로그램에 참여한 순간 같아요. 국내 최초 스타트업 서바이벌 오디션

프로그램인데, 심사 위원 앞에서 핫첩과 회사 비전을 발표하기도 하고, 전문가분들의 컨설팅 과정에서 토론도 하면서 당당히 내 생각을 얘기하는 법을 배웠어요. 덤으로 투자 지원금도 받았고, 그 덕분에 공유 주방을 빌려 더 많은 핫첩을 생산할 수 있게 되었습니다."

"와우, 얘기를 듣다 보니 재익 대표님이 너무 멋있어요. 그리고 부럽네요. 다른 분들 앞에서 발표도 멋있게 잘 해내시

고, 투자까지 받으시고요!"

 "하하, 그런가요?"

 "앞으로의 목표는 무엇인가요?"

"앞으로 B2B를 통해 핫첩 납품하는 매장을 계속 늘리고 싶어요. 그러면서 핫첩 생산량을 백 개, 천 개로 늘리는 게 목표입니다. 개인적으로는 영화 각본가나 드라마 작가가 꿈이에요. 옥스퍼드나 홍대에 가서 미술도 공부하고 싶고요."

"작가요? 장래 희망이 경영과 거리가 머네요?"

"네, 저는 커서 작가가 되고 싶어요. 이야기 만드는 걸 좋아하는데 상상하던 것을 글로 적고 싶어요."

 "그러면 지금 하고 있는 일, 즉 회사 대표를 하는 것이 장래 희망이랑 관계가 없는 것 같은데요?"

"우린 아직 어리니까 여러 꿈을 꾸고 여러 꿈을 이룰 수 있지 않을까요?"

"그런가요? 저는 그 생각은 미처 하지 못했습니다. 아무튼 재익 님께서 핫첩을 만드는 회사의 대표로서의 꿈뿐 아니라 다른 꿈도 꾸고 계시는 것이 의외이긴 해요."

"네, 저는 여러 꿈을 꾸고 있어요."

"아, 그렇군요! 제 꿈이 순간 초라해지는 것 같습니다. 저도 재익 님처럼 꿈을 꾸고 꿈을 이루기 위해 노력해야겠다는 생각이 듭니다. 더불어 재익 님의 목표가 꼭 이뤄지길, 그리고 개인적으로 꾸고 있는 꿈도 꼭 이루시길 응원하겠습니다."

 "고맙습니다. 저도 시호 기자님의 미래가 기대됩니다. 우리, 꼭 꿈을 이루도록 최선을 다해 노력해 보아요."

 "넵! 고맙습니다!"

중요한 것은 '기업가'가 아닌 '기업가 정신'

시호는 인터뷰를 마치고 핫첩을 만드는 공유 주방을 둘러보았어요. 재익의 꿈이 작가인데, 지금 하고 있는 이 사업이 어떤 의미가 있는지 계속 궁금했지요.

시호는 김우진 코파운더님에게 다가가 물었어요.

"김우진 코파운더님, 재익 대표님의 꿈이 작가인 거 알고 계신가요?"

"물론이죠!"

"그럼 작가를 위한 준비를 하든지, 공부에 매진하는 게 낫지 않을까요?"

"시호 학생은 공부를 좋아하나 봐요?"

"하하, 그럴 리가요!"

김우진 코파운더님은 조심스럽게 질문하는 시호를 보며 빙긋 웃음을 지으며 말했어요.

"사실 핫첩 사업을 하는 것은 진짜 이 사업으로 돈을 많이 벌고 회사를 크게 키우겠다는 목적보다는 교육의 의미가 더 커요. 실패를 두려워하지 않고 새로운 것에 도전하고, 목표를 달성하기 위해서는 성실하게 일해야 하지요. 창업을 하면 다른 사람과 함께 일하면서 협동하고 배려하는 마음을 키우게 돼요. 이런 자질을 키우는 데 있어 창업은 가장 효과적이고도 살아있는 교육이에요."

그때 김재익 대표가 덧붙여 말했어요.

"도전, 성실, 배려! 이 3가지가 저랑 코파운더 김우진 님이 생각하고 있는 진정한 의미의 기업가 정신인 것 같아요."

시호가 김우진, 김재익 두 공동 창업자의 말에 감동하고 있을 때였어요. 두 눈을 반짝이며 공유 주방의 여기저기를 날아다니던 꿀자가 다가와 말했어요.

"도전, 성실, 배려! 너무 멋져요. 시호야, 우리에게도 그런 마인드가 필요한 것 같아! 도전, 성실, 배려의 기업가 정신을 기르기 위해, 1일 핫첩 체험을 해 보는 게 어떨까?"

"좋지! 재익 님, 혹시 괜찮다면 같이 핫첩 만드는 것을 체험해 볼 수 있을까요?"

"물론이죠!"

<핫첩 만들기 1일 체험>

오늘의 주문 분량을 모두 소화하고 나서 모두가 자리에 풀썩 주저앉았어요. 핫첩 만드는 일도 생각보다 무척 힘들었지요. 시호는 혼자서는 불가능한 것들을 함께하니 임무를 완수할 수 있다는 것을 깨달았어요. 1일 체험으로 처음 해 보는 일에 도전하고, 성실하게 일하고, 함께 일하면서 서로를 배려하는 것의 기쁨을 어렴풋이 깨달을 수 있었어요. 무엇보다 힘들어도 중간에 포기하지 않고 임무를 완수한 것이 무척 뿌듯했지요.

그것뿐이 아니었어요. 김재익 대표는 하얀 돈 봉투를 시호와 꿀자에게 내밀며 말했어요.

"두 분 오늘 정말 수고 많았아요. 여기 핫첩을 좀 드리겠습니다. 그리고 이건 오늘의 임금이에요."

시호는 용돈만 받아 봤지, 이렇게 일하고 돈을 번 것은 처음이었어요. 더욱이 정말 맛있는 핫첩까지 얻게 되어 입이 귀에 걸렸지요. 많은 창업가를 도와 왔던 꿀자조차 노동을 대가로 임금을 받은 것은 처음이었어요.

꿀자가 덥석 핫첩과 봉투를 받으며 외쳤어요.

"우와, 핫첩이다! 다섯 통이나 주시다니!"

시호는 너무 밝히는 것 같아 망설였지요.

"저희는 그냥 체험 활동을 했던 건데… 이렇게 돈까지 주시다니…. 안 주셔도 되는데….”

김재익 대표가 시호 손에 핫첩과 봉투를 쥐여 주며 말했어요.

"무슨 말씀을요? 일을 했으면 그만큼의 보상도 있어야죠. 그리고 두 사람 덕분에 오늘 핫첩을 더 빨리 만들고 배달까지 완료했어요. 그만큼 저희도 이득이었으니까 꼭 받으셔야 합니다."

"고맙습니다. 꿀자야, 너도 핫첩 좀 그만 찍어 먹고 빨리 인사드려."

꿀자는 손, 아니 앞발에 빵을 들고, 입에 핫첩 소스를 잔뜩 묻힌 채 말했어요.

"아! 너무 맛있어서…. 하하하, 귀한 핫첩에 돈, 아니 임금까지 주셔서 감사해요, 사장님."

"별말씀을요."

김재민 대표가 윙크를 보냈어요. 김우진 코파운더는 정식으로 둘에게 인사했어요.

"오늘 정말 수고 많았어요. 다음에 또 놀러 와요."

그때 꿀자가 끼어들며 말했어요.

"아, 마지막으로 부탁드릴 것이 있는데, 어른들이 보는 창업에 대해 제가 따로 궁금한 점을 여쭤봐도 될까요?"

꿀자의 부탁에 김우진 코파운더는 고개를 끄덕이며 허락해 주었어요.

시호가 두 사람에게 말했어요.

"오늘 고맙습니다. 다음에 핫첩 떨어지면 꼭 사러 오겠습니다. 그러면 안녕히 계세요."

시호와 꿀자는 두 사람에게 배꼽 인사를 했어요.

시 호 의 일 기

재익이 형은, 아니 김재익 대표님은 나보다 한 살밖에 안 많은데 어른 같은 느낌이 들었다. 어릴 때부터 사장님을 해서 그런가? 초등학생 때부터 사장님이라니! 부럽고, 멋있고, 본받고 싶다. 그리고 꼭 잊지 말아야겠다.

"기업가 정신 3가지: 도전, 성실, 배려!!!"

오늘도 내 능력치가 100포인트 올라간 것 같다.

김우진 코파운더와의 전화 인터뷰

 "김우진 님, 어른들의 입장에서 보는 학생 창업에 대해 궁금해서 다시 연락드렸습니다. 아들과 함께 창업을 하게 된 이유는 무엇인가요?"

 "저도 평범한 다른 가정의 아빠들처럼 회사 일이 바쁘다 보니 아이와 함께 시간을 잘 보내지 못했어요. 그러다 보니 어느 순간 재익이가 4학년이 된 거예요. 그때 위기감을 느꼈어요. 이렇게 1~2년이 지나가고 재익이가 사춘기가 되면 서로에게 마음을 열기 쉽지 않겠구나, 라는 생각이 들었어요. 그러면서 아이 교육에 대해서 깊이 있게 고민하기 시작했고, '아빠 효과'라는 것을 이해하게 됐어요."

 "아빠 효과가 무엇인가요?"

 "'아빠 효과'는 아빠의 양육 태도가 아이의 성장에 미치는 효과를 뜻해요. 아무튼 아빠의 역할도 중요하다는 것까지는 이해했지만 실제로 내가 아이를 위해서 무엇을 해야 할지에 대해서는 답을 못 찾겠더라고요. 그러다 우연치 않게 제가 어릴 때부터 만들어 먹던 핫첩을 사겠다는 분이 계셔서 아이와 함께 창업을 해 보면 정말 멋지겠다는 생각이 들었어요."

"아빠 효과에 대해서 구체적으로 설명해 주실 수 있나요?"

"아빠 효과는 2000년에 미국의 심리학자 로스 파크가 제안한 개념이에요. 말 그대로 아빠의 적극적인 교육 참여가 아이의 언어, 인지 능력, 사회성, 리더십, 협동심 발달에 긍정적인 영향을 미친다는 것인데 이런 능력이 4차 산업 혁명에 꼭 필요한 역량과도 거의 일치해요."

"엄마 효과와 아빠 효과가 따로 있나요?"

"육아는 아이의 건강, 자기 관리, 생활 습관과 관련 있고, 교육은 이 세상에 대해서 알아 가고 사회가 요구하는 능력을 배우는 것인데, 부모 중 한 사람이 이 두 가지를 모두 맡기란 정말 어려운 것 같아요. 그래서 한 사람이 육아에 집중하고 다른 사람이 교육에 집중하면, 아이의 성장에 훨씬 긍정적이라고 해요."

"그럼 김재익 대표와 사업하면서 둘의 역할은 어떻게 나누었나요?"

"이 표를 보시면 됩니다."

주요 업무	재익	함께	우진
기업 비전과 미션 정립	미션 제시	브레인스토밍 및 결정	
제조	세팅, 포장, 마무리	생산	재고 관리
배달	운반, 전달, 인수증 관리		운전
디자인		브레인스토밍, 스케치	제작 외주
영업	제품 소개	질문 대응	섭외 및 미팅 스케줄 관리, 타기팅
월간 회의	의사 결정	브레인스토밍 (화이트 보딩)	재고 관리
마케팅	모델	콘텐츠 개발, 제작	인스타그램 관리
MBL (Monthly Business Lunch)	사전 조사, 설문지 작성, 인터뷰, 리포트 작성	식사	섭외
CSR(사회공헌)	봉사 대상 선정 기부 금액 결정(매출 3%)	기부+봉사	봉사 단체 선정
초경영(初經營) 스푼라디오 방송		공동 진행	앱 운영
재무 회계	영수증 관리	월간 정산	모델링

　"창업 교육의 가장 좋은 시기는 언제라고 생각하시나요?"

　"저는 초등학생 때라고 생각해요. 사실 아이의 자아가 더 강해지는 사춘기가 되면 부모와 함께 무언가를 하기보다는 또래 친구들과 시간을 보내고 싶어 하잖아요. 창업 교육을 위해서는 어느 정도 부모가 안내하고 지원해 주는 게 중요하거든요. 초등학생 때는 부모와 시간 보내는 것도 좋아하고 부모의 안내와 지원도 잘 받아들이기 때문에 정말 좋은 시기라고 생각해요. 중·고등학생이 되면 또 학업 때문에 시간이 부족하기도 하잖아요. 실제로 저희는 일주일 중 주말 이틀 동안 집중적으로 사업 활동을 하는데 재익이가 가장 좋아하는 시간 중 하나가 저와 함께 사업 활동을 하는 시간이래요."

　"마지막으로 아들 재익이에게 바라는 점은 무엇인가요?"

　"저는 경험이 있어서 창업의 장점을 잘 알고 있어요. 그래서 아이 교육의 한 방법으로 창업을 활용한 것뿐이에요. 저는 꼭 재익이가 창업을 했으면 좋겠다고 생각하지는 않아요. 재익이가 지금은 작가가 되고 싶어 하는데 자신의 꿈을 위해서 열심히 노력하고, 뿐만 아니라 자신이 접하지 못한 영역도 도전하고 그 과정에서 만난 사람들로부터 배우고 부족한 점을 채워 나가면서 인생을 즐겼으면 좋겠어요."

"와, 저도 앞으로 학생들이 창업하는 걸 도울 때 아버님과 같은 마인드를 가져야겠어요. 아빠 효과를 이어 꿀자 효과를 볼 수 있게요. 좋은 말씀들 감사합니다."

꿀자는 다시 한번 어린이들에게 좋은 창업 멘토가 되어야겠다고 다짐하는 시간을 가졌어요.

꿀자의 학생 창업 Q&A

학생 창업에 대해 궁금한 점, 꿀자에게 물어보세요!

안녕?

나는 수많은 창업가들의 성공을 도운

킹메이커이자

너희들의 귀여운 친구 꿀자야.

오랜 경험으로 쌓인 노하우를 전격 공개할 테니

궁금한 것을 모두 물어보렴!

Q. 초등학생도 아르바이트를 할 수 있나요?

A. 만 15세부터 보호자의 동의를 얻어 아르바이트를 할 수 있어. 15세 미만이라면 가족들을 대상으로 할 수 있는 일을 찾아서 용돈을 버는 게 좋을 것 같아, 꿀꿀.

Q. 돈이 없어도 창업을 할 수 있나요?

A. 물론이지! 적은 돈으로 하는 사업을 '소자본 창업', 자본금 없이 시작하는 창업을 '무자본 창업'이라고 해. 아이디어 하나로 승부하는 사람들도 아주 많지. 또한 여러 단체나 국가에서 학생 창업을 돕는 여러 가지 제도나 프로그램이 있으니 잘 찾아보도록, 꿀꿀!

Q. 창업 아이템을 찾고 있어요. 저는 유행에 민감한 편이 아닌데, 꼭 유행을 따라야 할까요?

A. 절대 아니지! 물론 인기 있는 아이템이 많이 팔리는 것은 당연하지만, 시장에는 이미 그런 상품들이 넘쳐 나잖아. 무조건 유행만 따르지 말고 틈새시장을 공략하는 것이 유리해. 특히 학생 창업에서는 아이디어가 생명이지. 무엇보다 '좋아하는 것'과 관련된 것으로 시작해야 해. 그래야 꾸준히 할 수 있고, 의미도 있으니까. 이렇게 차별화된 상품으로 경쟁이 없는 새로운 시장을 만드는 것을 '블루 오션 전략'이라고 해.

Q. 학생이 창업에 성공한 사례가 있을까요?

A. 아주 많지! 이 책에 나온 손지우, 이채민, 이유리, 이제우, 김재익, 김채원 님 모두 학생 창업가잖아. 이 외에도 의류 쇼핑몰을 운영하는 신효원 님, 액세서리 쇼핑몰을 운영하는 은예리 님 등 자신의 특기와 취미를 이용해서 창업하고 학업과 병행하며 성장하는 학생들이 많아.

Q. 창업을 하고 싶긴 한데, 실패하면 어떡해요?

A. 스티커 만들기, 달고나 만들기, 양말 인형 만들기 등으로 창업을 시도하는 초등학생들을 많이 봤어. 물론 대부분 수익을 많이 남기는 대박을 치지는 못했지. 하지만 그 과정을 통해 한 뼘 성장하고, 자신감을 얻었다면, 학생 창업으로선 성공한 셈이라고 생각해.

Q. 창업을 해서 돈을 벌면 세금을 내야 하나요?

A. 사업자 등록을 하고 정식적으로 사업을 하는 거라면 당연히 세금이 부과돼. 만 18세 이상이 되어야 사업자 등록이 가능하지만 법정 대리인이 있다면 학생이라도 등록이 가능해.

Q. 우리 학교에는 창업반이 따로 없는데 집에서 할 수 있을까요?

A. 이 책의 저자인 천상희 선생님께서는 집에서 자녀들과 PPDR 단계

를 적용해서 창업 공부를 하신대. P는 Plan의 약자로, 사업 아이디어를 계획하는 단계야. 계획서를 만들면서 서로의 관심사를 확인하고, 사람들에게 무엇이 필요한지 생각해 보는 거래. 두 번째 P는 Presentation 단계야. 창업 계획서를 가족이나 친구들에게 발표해 보고, 다른 사람의 의견을 들어서 개선하는 단계지. D는 Do의 단계야. 재화나 서비스를 만든 다음 실제 판매까지 해 보지. 마지막 R은 Rethink 단계로, 사업을 되돌아보고 잘한 점과 잘못한 점을 정리해. 다음 사업에 대해서도 생각해 보고.

Q. 학생 때 창업 활동을 하면 뭐가 좋은 걸까요?

A. 주도적으로 창업을 고민하고 준비하고 실천하는 과정을 통해 자신감을 얻는 게 가장 큰 효과인 것 같아. 지금의 수많은 직업 중에는 미래에 없어질 직업도 무척 많아. 어릴 때 창업을 해 보면 변화하는 미래 사회에서 좀 더 주체적으로 자기의 삶을 모색해 볼 수 있을 거야.

Q. 나도 나만의 꿀자가 필요해요. 나에게 와 주면 안 되나요?

A. 꿀꿀, 내가 인기가 좀 있지! 내가 너에게 가길 기다리기보다(그러다간 성인이 되어 버릴지도 모르니까!) 열심히 공부하고 연구해 봐. 온라인에도 창업의 기본기를 알려 주고 여러 창업 사례를 보여 주는 사이트나 플랫폼이 있으니까 한번 찾아보고!

예비 창업가가 꼭 알아야 할
경제 용어

내가 시호를 좋아하는 이유를 말해 줄까?

시호는 생각하고 공부한 것들을 꼭 공책에 정리하더라고.

사람들 만나서 깨달은 것도 꼭 일기에 기록하고.

그런 모습 때문에 나는 시호를 꼭 창업왕으로 만들어 주고 싶었어.

경제 용어를 아는 것은 경제 개념을 익히는 데 큰 도움이 돼.

개념을 알면 창업할 때 필요한 기본기를 튼튼하게 만들어 주지!

나랑 함께 이 책에 나온 경제 개념들을 기본으로 하나씩 익혀 볼까?

기업 사회에서 필요한 물건이나 서비스를 만들어 주는 곳. =회사

가계 노동, 토지, 자본 등을 기업에 제공하고 그 대가로 임금, 지대, 이자 등을 받는다. 또한 기업의 재화와 서비스를 구입한다.

시장 상품이나 서비스를 파는 사람과 사는 사람이 거래하는 곳. 가게 등 눈에 보이는 장소도 있고, 온라인 등 눈에 보이지 않는 시장도 있다.

블루 오션 기존에 없던 상품과 서비스를 개발해서 파는 무경쟁 시장.

레드 오션 경쟁자가 많은 시장.

틈새시장 일부 소비자가 원하는 상품이 없어서 공급이 틈새처럼 비어 있는 시장.

자본금 어떤 일을 할 때 바탕이 되는 돈. =밑천

서비스 물건처럼 눈에 보이는 상품 대신 사용자를 만족시키기 위해 제공하는 일. 운반, 배급, 미용 등이 포함됨.

가격 물건이나 서비스를 이용할 때 그 가치만큼 내는 돈.

매출 벌어들인 돈.

이윤 번 돈에서 쓴 돈을 뺀 금액. =이익

노동 필요한 물자를 얻기 위하여 육체적·정신적 노력을 들이는 행위.

직업 생계를 위해 일정 기간 동안 계속해서 하는 일.

임금 노동의 대가로 받는 돈. =급료

인건비 직원에게 주는 임금.

CEO 최종 결정을 하는 최고 경영자. =사장

3장
초등학생도 하는 창업

질문왕이 된 시호

　꿀자와 함께 학생 창업가들을 만난 시호는 많이 달라져 있었어요. 시호는 더 이상 예전의 시호가 아니었어요. 돈만 많이 번다고 멋진 기업가가 아니라는 것을 알게 되었지요. 꿀자는 예비 창업가인 시호에게 여러 가지 미션을 주었고, 시호는 적극적으로 미션을 수행해 나갔어요. 즉 친구들이 좋아하는 것은 무엇인지, 가족들이 불편해하는 것은 없는지 늘 살펴보며 창업의 기회를 발견하기 위해 노력했지요.

　시호가 같은 반 친구 재휘에게 물었어요.
　"재휘야, 넌 어떤 과자를 가장 좋아해?"
　"나? 난 감자링이 가장 맛있더라!"

"왜? 그 과자가 왜 가장 맛있어?"

"단짠단짠, 맛있잖아!"

이런 식이었지요. 시호는 요즘 만나는 모든 친구들에게 끊임없이 질문을 하는 습관이 생겼어요. 꿀자와 함께 여러 창업가들을 만나 보면서 사람들의 마음을 잘 알아야 좋은 창업 아이템을 찾을 수 있다는 것을 깨달았기 때문이에요.

시호는 매일 친구들에게 열심히 물어보고 얻은 정보를 집에 도착하자마자 꿀자에게 설명하기 바빴어요.

"암튼, 그래서 현수는 요즘 학교 끝나고 영어 학원을 다니기 시작했는데 매일 단어 시험을 보면서 너무 힘들다고 하더라. 단어를 쉽게 외울 수 있는 방법으로 뭔가를 만들면 진짜 많은 사람들이 찾을 것 같은데, 뭐가 좋을까?"

꿀자는 흐뭇해서 꿀꿀거리며 시호를 추켜세웠어요.

"시호가 요즘 창업 아이템을 여러모로 찾고 있구나! 곧 훌륭한 창업가가 탄생하겠구먼!"

"물론이지! 꿀자랑 기업가들을 만나면서 나도 할 수 있다는 자신감이 생겼어! 이래저래 떠오른 생각을 정리해서 무언가 직접 만들어 보면 더 좋을 것 같은데…."

"맞아. 처음부터 한 방에 성공할 생각만 하지 말고 일단 부딪혀 보고 점점 발전시켜 나간다는 생각으로! 이제는 시호가 진짜 창업할 준비가 다 된 것 같은데? 같이 시작해 볼까?"

"오, 정말? 이제 고민 끝! 내가 할 수 있는 것부터 해야겠어."

"맞아! 나에게 초등학생도 충분히 할 수 있는 몇 가지 아이디어들이 있는데 구경해 볼래? 내 코를 눌러 봐!"

꿀자가 콧구멍으로 꺼내 놓은 아이디어는 정말 많았어요. 시호는 어린이도 할 수 있는 창업 아이템이 이렇게 많은 것을 보고 깜짝 놀랐어요.

"우와! 이렇게나 많아? 이걸 다 초등학생도 할 수 있다고? 무

엇부터 골라야 할지 고민되네."

꿀자는 흥분한 시호를 보고 빙긋 웃으며 말했어요.

"처음부터 하나씩 해 봐도 되고, 아니면 네가 좋아하는 것부터 골라도 돼! 그리고 여기 나온 것들을 해 보면서 다른 아이디어가 떠오르면, 그것을 먼저 해도 괜찮아!"

"꿀자가 옆에 있어서 너무 좋다! 뭐든 할 수 있을 것만 같아!"

시호는 꿀자의 콧구멍에서 나온 여러 아이템 중 하나를 가리키며 말했어요.

"좋아! 그럼 나 이거 한번 해 볼래!"

"자, 그럼 시작한다. 가자! 창업 실전의 세계로!"

나에게 맞는 창업 아이템은?

내가 잘할 수 있는 아이템을 찾는 것이,

성공하는 창업의 첫걸음!

오른쪽 〈체크리스트〉에서 자신에게 해당하는 항목에

체크하고 해당 페이지로 이동해서

나와 같은 성향의 친구들이 실제로 하고 있는

창업을 엿보자고, 꿀꿀~!

<체크리스트>

1. 나는 꼼꼼하고 정리 정돈을 잘한다. ☐

   ⇨ 144페이지로 바로 가기

2. 나는 요리를 잘한다. ☐

   ⇨ 150페이지로 바로 가기

3. 나는 식물에 관심이 많다. ☐

   ⇨ 156페이지로 바로 가기

4. 나는 끈기있게 뜨개질을 할 수 있다. ☐

   ⇨ 180페이지로 바로 가기

5. 나는 일주일에 3번 이상 문구점을 방문한다. ☐

   ⇨ 168페이지로 바로 가기

6. 나는 구독 중인 유튜브 채널이 10개 이상 된다. ☐

   ⇨ 174페이지로 바로 가기

7. 나는 손재주가 좋다. ☐

   ⇨ 162페이지로 바로 가기

 **창업 아이템 1**   난이도 ★★★☆☆

나는야, 청소왕!
반짝반짝 세차 서비스

사람들을 편리하게 해 주는 것을 '서비스'라고 해!

세차도 서비스라고 볼 수 있지.

세차도 창업 아이템이 될 수 있어!

세차 사업 Q&A

Q. 누가 하면 좋을까요?

A. 세차는 꼼꼼함이 생명! 평소에 정리 정돈을 좋아하고 잘하는 사람이 딱이에요! 초등학생들이 차 외관까지 청소하는 것은 쉽지 않으므로, 차 안을 정리하는 것부터 시작해 보세요.

Q. 누구에게 팔면 좋을까요?

A. 매일 차를 가지고 다니지만 정리할 시간이 없는 바쁜 어른들이 주요 고객이 될 수 있어요. 부모님을 먼저 손님으로 모셔서 여러분의 능력을 보여 주고 부모님이 만족할 만큼 실력이 올랐다면 이웃 주민들에게도 알려 보세요.

Q. 가격은 얼마가 적당할까요?

A. 5,000원

(서비스의 질에 따라 다름. 정기권으로 할인해 주는 가격 정책도 가능함.)

주 몇 회, 월 몇 회, 이런 식으로 몇 차례 서비스를 제공할지, 시간은 얼마나 걸릴지 등과 차의 상태에 따라 서비스 가격은 얼마가 적정한지 나름대로 가격을 정해 봐, 꿀꿀!

세차 사업 Q&A

Q. 무엇을 준비할까요?

A. 차량용 미니 청소기와 걸레, 세제 등 세차 용품이 필요해요. 이런 물품을 구매하기 위해 초기 비용이 들어요. 한 번 사면 여러 번 사용 가능하므로, 계속 서비스를 판매한다면 초기 비용은 줄어들고 이익이 높아질 수 있어요.

Q. 어떻게 판매할까요?

A. 여러분의 서비스를 알리고 홍보하는 전단지를 만들어 보아요. 전단지를 만들었다면, 서비스가 필요한 곳에 사람들이 잘 볼 수 있게 붙여요. 아파트, 빌라 등 공동 주거 공간인 경우에는 미리 관리 사무실에 가서 전단지 붙이는 것을 허가받고 붙여야 해요. 온라인으로 홍보할 수도 있지요.

입소문이 나면
손이 모자랄 수도 있다고!
꿀꿀~.

도전! 세차 실습

① 차 내부의 쓰레기를 모아서 버려요.

② 내부 청소용 미니 청소기로 시트 구석 구석에 있는 먼지를 청소해요.

③ 발판을 꺼내서 먼지를 털어요.

④ 걸레로 차 내부의 먼지를 닦아요.

⑤ 방석, 쿠션, 액세서리 등을 예쁘게 정리하여 마무리해요.

반짝반짝 세차 끝!

보너스 아이디어 팁

　세차하기 이외에도 가족을 상대로 다양한 일을 할 수 있어요. 이런 걸 '홈 알바'라고 해요. 가족들에게 서비스를 제공하는 사업으로 창업을 시작해 보세요.

　가정일 중에서 여러분이 할 수 있는 일은 무엇이 있을까요? 청소, 분리배출, 음식물 쓰레기 버리기, 반려동물 돌보기, 식물 물 주기, 구두닦기 등 무궁무진하지요. 눈을 크게 뜨고 집 안을 살펴보세요.

어이, 자기 방을 청소하고 돈을 받아야겠다고 생각하고 있진 않겠지? 그건 알바라기보다는 당연히 스스로 해야 하는 일이잖아, 꿀꿀!

꿀자의 배를 채우는
아이디어 동전 한 닢

여기 좀 봐! 너의 아이디어를 한 닢 넣어 더 좋은 상품으로 만들어 보자고!

'내가 할 수 있는 일은?', '그중에 돈을 받을 수 있을 것 같은 일은?' 등을 생각하며 적어 보렴.

나의 아이디어 노트

 창업 아이템 2   난이도 ★★★★★

나는야, 제과왕!
바삭바삭 쿠키 만들기

너의 개성이 들어 있는 맛과 모양으로 쿠키를 구워 봐.
참, 실제 음식을 만들어서 판매하는 경우에 식품 위생법 등
신고 절차가 꼭 필요해! 아무 생각 없이 했다가는 큰일!

제과 사업 Q&A

Q. 누가 하면 좋을까요?

A. 평소 음식 만드는 것을 좋아한다면 딱이에요. 특히 과자와 빵을 만드는 제과와 제빵은 재료의 비율을 정확하게 맞추는 것이 중요하므로 꼼꼼함도 필요하지요.

Q. 누구에게 팔면 좋을까요?

A. 간식을 좋아하는 친구들에게 팔 수 있어요. 특히 수제 쿠키의 경우, 먹는 것을 즐기면서 건강도 챙기고 싶은 사람들이 주로 찾아요. 그러니까 건강에 좋은 재료로 쿠키를 만들어서 건강한 먹거리를 찾는 사람들에게 판매하면 어떨까요?

Q. 가격은 얼마가 적당할까요?

A. 개당 2,000원이 어떨까요? 쿠키를 만들 때 들어간 총비용과 이를 통해 만든 쿠키 수량을 따져서 가격을 정해야 해요. 비용보다 가격이 비싸야 이익이 남아요.

$$\text{쿠키 하나의 가격} = \frac{\text{재료 값} + \text{이윤}}{\text{만든 수량}}$$

제과 사업 Q&A

Q. 무엇을 준비할까요?

A. 쿠키를 만들기 위한 준비물은 다음과 같아요.

① 쿠키 반죽은 밀가루, 버터, 설탕, 계란 등으로 직접 만들거나 만들어진 반죽을 구매해요.

② 쿠키 틀(특정 모양이 필요한 경우)

③ 오븐이나 에어프라이어

④ 장갑(오븐 이용 시 꼭 필요해요.)

⑤ 장식을 위한 초코펜, 스프링클 등

Q. 어떻게 판매할까요?

A. 쿠키를 예쁘게 포장해서 간식을 좋아하는 친구들과 가족, 친척들에게 판매해 보아요. 미리 맛을 볼 수 있도록 시식용을 따로 만들어도 좋아요.

만들면서 맛본다는 핑계로 다 먹어 버리면 안 돼!
(경험담 아님, 꿀꿀!)

도전! 제과 실습

① 음식을 만들 때는 위생이 중요해요. 손을 깨끗하게 씻고 쿠키 만들 반죽을 준비해요.

② 쿠키를 만들어요. 쿠키 틀로 찍어 내거나 원하는 모양을 손으로 만들어요.

③ 에어프라이어나 오븐에 구워요. 매우 뜨거우므로 주의해야 해요.

④ 초코펜과 스프링클 등을 이용하여 쿠키를 예쁘게 꾸며요. 알록달록한 모양의 아이싱쿠키도 있어요.

⑤ 먹기 좋은 만큼 나누어서 포장지, 봉투 등을 활용하여 포장해요.

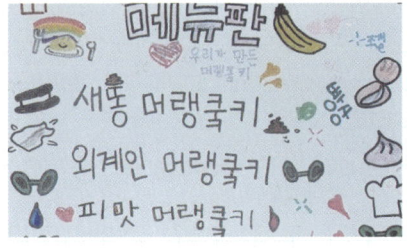

⑥ 쿠키 종류가 많다면 메뉴판을 만들어 보세요.

보너스 아이디어 팁

음식의 경우엔 아무래도 사람들 건강과 위생에 직접적인 연관이 있기 때문에 법적인 문제가 까다로워요. 관련 법에 따라 준비해야 하는 것이 많지요. 원래는 신고된 영업 장소에서만 판매가 가능했지만 요즘엔 지역 축제, 배달, 온라인 택배 판매도 가능해요. 법이 조금씩 계속 바뀌니까 잘 살펴봐야 해요.

▶ 해야 할 일

1. 각 시·군·구청에 즉석 판매 제조 가공업으로 영업 신고를 한다.
2. 유통 기한이나 식품의 유형을 적은 식품 표시 사항을 만들어서 스티커나 종이로 붙인다.
3. 시설과 위생에 관한 교육을 받고, 필요한 서류를 준비한다.

자세한 내용은 시청, 군청, 구청의 민원과나 보건소에 문의해 봐. 법적인 문제를 해결하기 어렵다면, 직접 음식을 판매하는 것보다는 음식을 만드는 영상을 제작하거나 클레이 등으로 음식 모형을 만들어 보는 것도 좋아!

꿀자의 배를 채우는
아이디어 동전 한 닢

여기 좀 봐! 너의 아이디어를 한 닢 넣어
더 좋은 상품으로 만들어 보자고!

쿠키 말고도 네가 잘할 수 있는
음식이 창업 아이템이 될 수 있어. 부모님을 위한
사랑의 도시락으로 시작해 보는 건 어때?

나의 아이디어 노트

 창업 아이템 3　　　　난이도 ★☆☆☆☆

나는야, 식물왕!
재활용 화분 만들기

나도 반려식물 매니아야. 식물은 공기도 정화시켜 주고 눈도 정화시켜 주고 마음도 정화시켜 주는 고마운 친구지. 좋은 사업 아이템이기도 하고, 꿀꿀!

식물 사업 Q&A

Q. 누구에게 팔면 좋을까요?

A. 요즘엔 반려동물을 키우듯 식물을 키우는 사람들이 많아요. 그래서 '반려식물'이라는 말도 생겼지요. 그만큼 사람들이 식물에 관심이 많아요. 힐링과 인테리어 등의 목적으로 사거나 선물용으로 구매하는 사람들이 많지요.

Q. 가격은 얼마가 적당할까요?

A. 1,000원~5,000원

사용했던 화분이나 일회용 컵 등을 재활용하고 더 필요한 흙과 모종만 구입하면 비용을 줄일 수 있어요. 씨앗을 심어서 키우는 경우 비용이 낮아지지만 새싹이 잘 안 날 수도 있지요. 씨앗은 1,000~2,000원 정도에 10개 이상 살 수 있고, 공기 정화 식물 모종은 크기에 따라 2,500원~6,000원 정도에 구매할 수 있어요.

식물 사업 Q&A

Q. 무엇을 준비할까요?

A. 일회용 컵, 흙, 삽, 모종 또는 씨앗, 작은 돌

당근마켓 등 중고 거래 플랫폼에는 사용했던 화분이나 모종을 판매하거나 나눠 주는 사람들이 많이 있어요. 이를 적절하게 활용하면 저렴한 비용으로 좋은 효과를 낼 수 있어요. 식물은 작은 화분에서도 잘 자라고 키우기 쉬운 관엽 식물, 공기 정화 식물, 다육 식물이 인기 있어요. 책상 위에서 키우기 좋은 공기 정화 식물로는 개운죽, 홍콩야자, 슈퍼바, 싱고니움 등이 있어요.

Q. 어떻게 판매할까요?

A. 화분을 만들어서 플리마켓에 참여할 수 있어요. 또한 중고 거래 플랫폼에서 분양을 해 보는 것도 좋은 방법이에요.

화분도 인테리어 소품으로 활용되니까 식물뿐 아니라 화분에도 신경 써야 해. 너만의 개성을 드러내는 브랜드 로고를 만들어서 화분에 직접 그리거나 스티커로 제작해서 붙일 수 있어. 가족 사진을 라벨로 만드는 등 개별 요구를 반영해서 꾸밀 수도 있고!

도전! 화분 만들기 실습

① 일회용 컵을 깨끗하게 씻어서 준비해요. 쓰던 재활용 화분을 준비해도 좋아요!

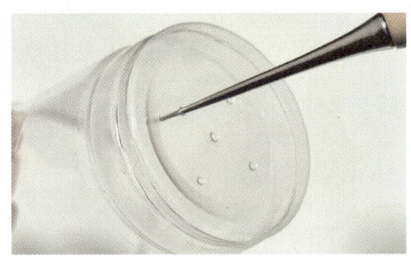

② 송곳으로 컵 바닥에 구멍을 뚫어요. 구멍을 뚫지 않으면 물이 잘 안 빠져 식물이 죽을 수도 있어요.

③ 컵에 거즈를 깔고 컵의 2/3만큼 흙을 담아요. 뿌리가 큰 경우에는 흙을 1/3 정도 담아요. 쓰던 재활용 화분을 준비해도 좋아요!

④ 준비된 모종 혹은 씨앗을 넣어요. 씨앗의 경우에는 손가락으로 씨앗이 들어갈 자리를 만들어서 넣어 줘요.

⑤ 모종이 자리를 잡을 수 있도록 흙을 덮어요. 새로운 자리에 잘 적응할 수 있도록 물을 충분히 뿌려요. 화분 받침도 있지 마세요!

보너스 아이디어 팁

하나, 식물로 힐링도 하고 인테리어도 하고 싶지만 막상 식물을 키우기는 힘들어하는 사람들도 있어요. 그런 사람들을 위해서 식물을 주제로 한 사진을 찍어서 엽서를 만들거나 그림을 그려서 판매해 보아요.

둘, 식물마다 물을 주는 주기와 양이 달라요. 물론 보관 장소도 다 다르지요. 햇빛을 좋아하는 식물이 있는가 하면, 햇빛을 보면 금방 죽는 식물도 있어요. 집에 있는 식물마다 특성을 잘 파악해서 식물 관리를 전문적으로 해 보면 어떨까요? '홈 알바'로 말이에요.

꿀자의 배를 채우는
아이디어 동전 한 닢

여기 좀 봐! 너의 아이디어를 한 닢 넣어
더 좋은 상품으로 만들어 보자고!

식물은 살아 있는 생물이라서 세심한 손길이
필요하다는 걸 명심하고!

나의 아이디어 노트

 창업 아이템 4　　　　　　　난이도 ★★★★☆

나는야, 수공예왕!
취향 저격 폰 케이스 만들기

요즘엔 폰 케이스도 패션 아이템! 개성을 드러내는 중요한 아이템이지.

누렇게 변한 투명 케이스, 지겹도록 오래 사용한 폰 케이스를

가진 사람이 있다면, 그 사람이 바로 너의 고객!

세상에 하나뿐인 멋진 제품을 만들어 보자고!

수공예 사업 Q&A

Q. 누가 하면 좋을까요?

A. 만들기를 좋아하고 예쁘게 꾸미는 것을 좋아하는 사람, 예술적인 감각이 있는 사람이 딱이에요.

Q. 누구에게 팔면 좋을까요?

A. 다른 사람들과 다른 자기만의 폰 케이스를 갖고 싶어 하는 사람, 누런 폰 케이스가 거슬리는 사람, 아기자기한 폰 케이스를 좋아하는 사람에게 판매할 수 있어요. 가족사진 등을 이용해서 부모님께 파는 방법 등도 있어요.

Q. 가격은 얼마가 적당할까요?

A. 6,000원~10,000원

3,000~5,000원 정도의 재료로 폰 케이스 전문 가게에서 15,000원 정도로 판매하는 케이스와 비슷하게 만들 수 있어요.

Q. 어떻게 판매할까요?

A. 플리마켓에 참가하여 판매할 수 있어요. 언제 열리는지 알아보고 참가 신청을 해 보아요. 가격표, 간판, 돗자리 등도 꼭 챙겨야 해요. 또

수공예 사업 Q&A

는 친구들의 주문을 받아서 맞춤 제작을 해 줄 수도 있지요.

Q. 무엇을 준비할까요?

A. 디자인에 따라 준비물은 다르지만 기본적으로는 아래와 같아요.

① **투명 폰 케이스**

스마트폰 기종에 맞는 투명 폰 케이스를 준비해요. 보통 3,000원 정도면 구입이 가능한데, 온라인 가격 비교 사이트를 통해 저렴하게 구입해 보아요. 또 쓰지 않는 폰 케이스를 이용하거나 쓰던 케이스를 재활용한다면 재료비를 아낄 수 있어요.

② **데코덴 크림**

개당 1,000원 내외이고, 깍지를 무료로 증정해요. 폰 케이스 1개당 1개 정도 필요하니 만들고 싶은 케이스 양만큼 디자인과 어울리는 적당한 색으로 구입해요.

③ **꾸밈 재료**

비즈, 파츠 등 다양한 재료를 사용할 수 있어요. 온라인에서 '데코비즈', '미니어쳐', '파츠' 등을 검색한 뒤 원하는 디자인의 재료를 구입해요.

도전! 폰 케이스 제작 실습

① 콘셉트에 맞는 재료들을 준비해요.

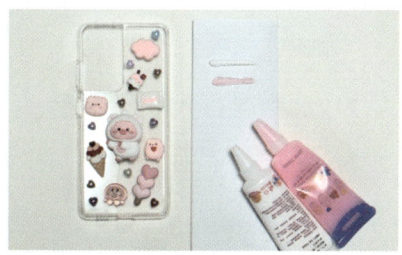

② 폰 케이스에 장식들을 임시로 올려 보면서 디자인을 해 봐요.

③ 빈틈없게 데코덴 크림을 바른 다음 파츠들을 디자인대로 붙여요. 손에 묻지 않게 조심해서 꾹 눌러 주세요.

④ 장식을 다 붙인 후 20분 정도 크림이 굳을 때까지 기다려요. 서늘한 곳에서 2~3일 정도 건조시켜요. 굳은 후 코팅제를 바르면 더 깔끔해져요.

⑤ 장식이 훼손되지 않도록 포장을 해요. 장식이 복잡할 경우엔 뽁뽁이(에어캡)를 활용하고, 비닐이나 종이 포장지로 포장해요.

보너스 아이디어 팁

데코덴 크림으로 폰 케이스 말고도 필통, 탑로더 등을 만들 수 있어요. 기종에 맞춰 다양한 폰 케이스를 준비하기 어려운 경우에는 쉽게 구할 수 있는 다른 상품도 생각해 보세요. 또한 데코덴 크림을 쓰는 게 어렵다면 스티커를 구입하여 꾸며 줄 수도 있어요.

환경을 위해 비닐 포장 대신 친환경 포장재를 사용하는 기업들이 늘고 있어. 포장할 때 한번 사용해 보는 게 어때? "본 제품은 친환경 포장지를 사용하였습니다." 등의 문구를 넣어도 좋아. 요즘에는 친환경 기업의 제품을 선호하는 소비자들이 많으니까, 꿀꿀!

꿀자의 배를 채우는
아이디어 동전 한 닢

여기 좀 봐! 너의 아이디어를 한 닢 넣어
더 좋은 상품으로 만들어 보자고!

고객의 취향을 저격하는 디자인이 무엇인지
계속 고민해야 해.

나의 아이디어 노트

 창업 아이템 5　　　　　난이도 ★★★☆☆

나는야, 문구왕!
감성 디자인 스티커 만들기

스티커는 어린이뿐 아니라 어른들에게도 언제나 인기 만점이지!
문구점에도 예쁜 제품들이 많지만, 이 세상 하나뿐인 나만의 감성으로
만든 제품은 특별할 수밖에 없지, 꿀꿀!
평소에 사람들이 어떤 스티커를 좋아하는지 잘 살펴보도록!

문구 사업 Q&A

Q. 누가 하면 좋을까요?

A. 평소 그림 그리기를 좋아하는 사람에게 추천해요. 그림 실력을 바탕으로 다양한 인쇄 스티커를 만들 수 있어요. 그림 실력이 뛰어나지 않더라도 개성 있는 작품이라면 인기를 끌 수도 있어요.

Q. 누구에게 팔면 좋을까요?

A. 스티커로 공책이나 다이어리 꾸미는 것을 좋아하는 친구들에게 판매해요. 칭찬 스티커 등을 만들어서 선생님께도 판매할 수 있지요. 다양한 상품으로 다양한 고객을 찾아보아요.

Q. 가격은 얼마가 적당할까요?

A. 2,000원

라벨지 1장 인쇄 비용이 대략 1,000원 정도예요. 디자인에 따라 재료가 달라지므로 재료비와 수고비를 따져 적절한 가격을 정해 보아요. 단, 시중에 파는 것보다 너무 비싸면 아무도 안 사겠죠?

Q. 무엇을 준비할까요?

A. 라벨지, 라벨 코팅지, 그림 도구(마커, 색연필 등)

도전! 스티커 제작 실습

① 원하는 크기로 라벨지를 잘라요.

② 연필로 스티커 디자인의 밑그림을 그려요. 너무 세게 그리지 않도록 해요.

③ 두꺼운 검정 펜으로 선을 따라 그려요. 펜이 마를 때까지 기다린 뒤 남은 연필선을 지우개로 지워요.

④ 색을 칠해요. 선명한 색을 원하면 마커, 부드러운 색을 원하면 색연필, 파스텔 등을 이용해요.

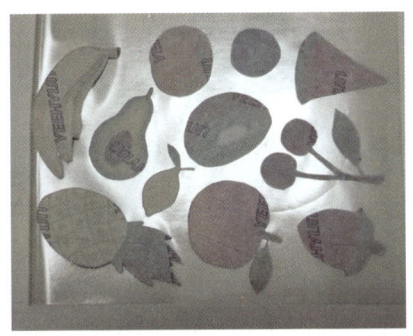

⑤ 가위로 오린 다음, 원하는 여백을 주고 배치해요. 코팅지의 접착면에 그림 부분을 붙여요. 뒷면의 라벨지 스티커는 떼어 주세요.

⑥ 스크래퍼 혹은 평평한 자를 대고 옆으로 밀면서 라벨지와 코팅지 사이의 공기를 바깥으로 빼 주세요.

⑦ 그대로 포장해도 되고, 가위로 각 스티커를 잘라서 포장지에 넣어도 되어요.

대량 제작을 한다면, 그림을 컬러복사기로 복사해서 여러 장을 만들 수 있어요.

보너스 아이디어 팁

문구 상품은 정말 다양해요. 꼭 스티커가 아니라도 메모지, 엽서 등으로도 판매가 가능해요. 또한 미리캔버스나 캔바와 같이 상업용으로도 활용할 수 있는 디자인 프로그램을 이용하여 제품을 디자인한 뒤 대량으로 주문한다면 비용을 더 많이 낮출 수 있어요. 또는 인쇄 스티커가 아닌 이모티콘을 그림으로 그려서 이모티콘 판매 사이트에 올릴 수도 있지요.

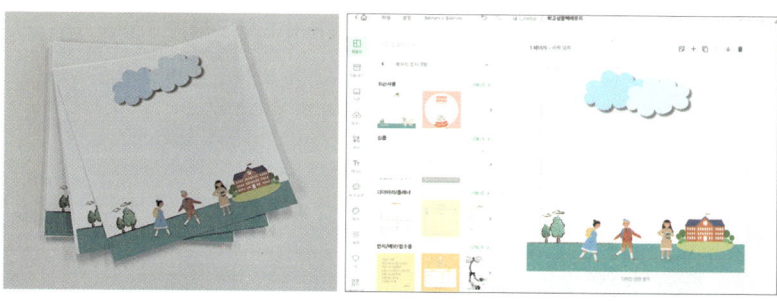

'예쁜 쓰레기'라는 말도 있을 정도로 사람들은 꼭 필요한 것뿐만 아니라 필요는 없지만 예쁜 것들을 좋아한대!

꿀자의 배를 채우는 아이디어 동전 한 닢

여기 좀 봐! 너의 아이디어를 한 닢 넣어 더 좋은 상품으로 만들어 보자고!

예상 소비자를 생각하며 스케치를 해 봐야 해.

나의 스케치 노트

창업 아이템 6   난이도 ★★★★★

나는야, 크리에이터!
나만의 콘텐츠 사업

지금은 동영상 시대! 수많은 영상이 넘쳐 나고, 영상을 만드는 크리에이터들도 점점 많아지고 있어. 스타 크리에이터를 꿈꾸는 어린이들도 아주 많지. 나만의 콘텐츠가 확실하다면, 크리에이터에 도전해 봐. 참, 동영상 업로드 사이트 가입할 때 부모님 동의가 필요하다는 것, 초상권 및 저작권 등 지켜야 할 법이 있다는 걸 명심!

콘텐츠 사업 Q&A

Q. 누가 하면 좋을까요?

A. 디지털 기기를 잘 다루는 사람, 아이디어를 표현하는 능력이 있는 사람이 딱이에요. 자신이 할 수 있는 분야, 좋아하는 분야의 콘텐츠를 잘 살펴보고 꾸준하게 영상을 올릴 수 있는 자신이 있다면, 도전해 보세요.

Q. 누구에게 팔면 좋을까요?

A. 우리는 많은 디지털 기기를 활용하며 살아가고 있어요. 매일 수많은 영상들이 업로드되고 있지요. 영상을 즐기는 모든 사람들을 대상으로 콘텐츠 사업을 펼칠 수 있어요.

Q. 수익은 어떻게 내나요?

A. 조회 수에 따른 광고 수익이 생겨요. 제작한 영상을 직접 판매하지 않아도, 적절한 플랫폼에 업로드하면 많은 사람들이 영상을 시청하면서 광고 수익을 얻을 수 있어요. 유튜브의 경우 4,000시간 이상, 구독자 1,000명 이상일 경우에 조회 수에 따라 수익을 얻는 방식인데, 정책은 계속 바뀌어요. 유튜브가 아니더라도 영상이나 사진 소스를 거래하는 사이트에 올려 판매할 수도 있어요.

> **콘텐츠 사업 Q&A**

Q. 무엇을 준비할까요?

A. 카메라, 스마트폰 등 콘텐츠 제작에 필요한 기기, 삼각대, 조명 등, 콘텐츠 편집 프로그램

> **도전! 콘텐츠 제작 실습**

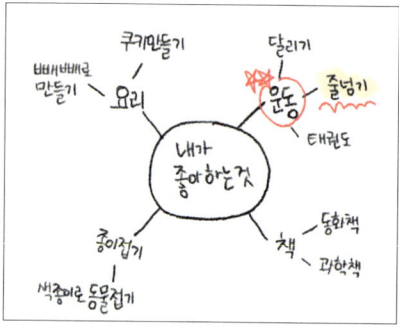

① 자신이 잘 알고 관심 있는 분야를 떠올려 보아요. 운동을 좋아하는 친구라면 '운동' 콘텐츠를 만들 수 있어요. 이때 '운동'을 검색하여 어떤 콘텐츠가 주로 올라오는지, 인기 콘텐츠의 특징은 무엇인지 살펴보아요.

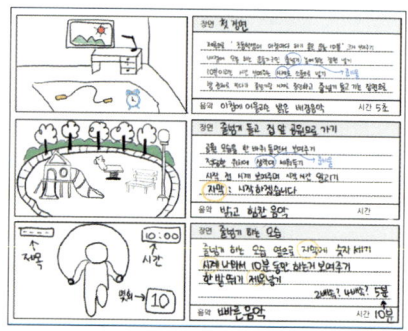

② '초등학생이 아침마다 하기 좋은 운동 10분' 등 자신만의 특별함을 더한 콘텐츠를 기획하고, 스토리보드를 짜 보아요.

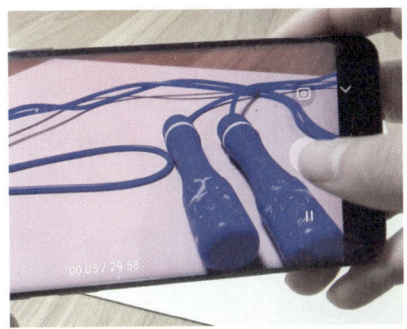
③ 촬영 계획에 맞춰서 동영상을 촬영해요.

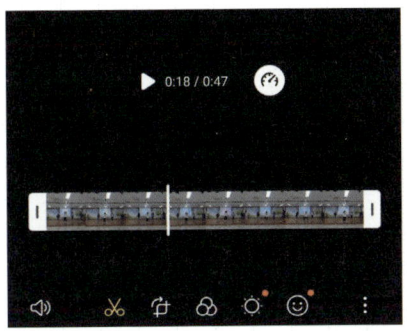
④ 동영상 편집 프로그램으로 영상의 필요한 부분만 잘라서 적당한 길이의 영상으로 편집해요.

⑤ 어울리는 그림 혹은 자막을 넣어 보고, 효과음, 배경 음악도 넣어 보아요.

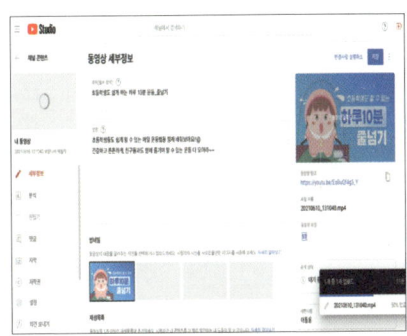
⑥ 완성된 영상을 업로드해요.

보너스 아이디어 팁

　유튜브의 광고 수익이 생길 때까지는 돈을 못 버는 걸까요? 광고 수익이 생기는 것은 쉽지 않고, 영영 수익이 없는 경우가 훨씬 많아요. 이때 학생 찬스! 부모님과 계약을 맺고 성실하게 영상을 업로드한 것에 대한 보상을 수익으로 만들 수 있어요.

계 약 서

_____(나)_____ 와(과) _____(부모님)_____ 은(는)
다음과 같이 계약을 체결하고
성실하게 계약 내용을 지킬 것을 약속합니다.

～～～～～～～～～～～～～～～～～～

계약 기간	년 월 일 ~ 년 월 일
계약 내용	
금액	원 / 일당·시간당·건당
기타 수당	
지급일	년 월 일
부모	(서명)
나	(서명)

꿀자의 배를 채우는
아이디어 동전 한 닢

여기 좀 봐! 너의 아이디어를 한 닢 넣어
더 좋은 상품으로 만들어 보자고!

동영상 콘텐츠를 만들어서 플랫폼에 계정을 운영할
계획이라면 꾸준히 할 수 있는 것을 찾아야 해.
구독자를 위해 정한 업로드 일자를 지키는 것은 필수거든.

나의 아이디어 노트

 **창업 아이템 7**   난이도 ★★★☆☆

나는야, 소품왕!
핸드메이드 티매트 만들기

차 한잔의 여유! 차를 즐기는 사람은 찻잔과 소품에도 관심이 많아. 포근한 티매트로 찻잔을 받치면 분위기가 훨씬 따뜻해져, 꿀꿀! 이번에는 양말목과 직조 틀을 이용해서 티매트를 만들어 보자고!

> 핸드메이드 소품 사업 Q&A

Q. 누가 하면 좋을까요?

A. 티매트는 다양한 재료로 만들 수 있어요. 뜨개질을 할 줄 안다면 뜨개질로, 바느질을 할 줄 안다면 천을 이용하여 만들 수 있지요. 둘 다 못해도 직조 틀을 이용해서 쉽게 만들 수 있어요.

Q. 누구에게 팔면 좋을까요?

A. 차 문화를 즐기는 사람들이 1순위예요. 또한 꼭 컵이 아니더라도 디퓨저, 꽃병 등의 받침으로도 사용이 가능하니 인테리어 소품을 찾는 사람들도 고객이 될 수 있어요. 빨강, 초록 등의 색을 이용하면 크리스마스 선물로 추천할 수 있을 거예요.

Q. 가격은 얼마가 적당할까요?

A. 1,000원~2,000원

재료와 크기에 따라 가격을 다르게 정해요. 양말목 티매트 1개를 만들 때 재료비가 800원 정도 들어가니까 1,000~2,000원 정도의 가격이 적절해요. 시중에는 2,000원 정도로 판매되고 있어요.

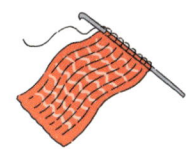

핸드메이드 소품 사업 Q&A

Q. 무엇을 준비할까요?

A. ① **양말목**

양말목은 양말을 만들고 남은 자투리 부분인데, 최근에 친환경 업사이클링 공예 재료로 주목받고 있어요. 온라인 쇼핑몰을 이용하여 원하는 색의 양말목을 구매할 수 있어요.

② **직조 틀**

틀이 없어도 만들 수는 있어요.

Q. 어떻게 판매할까요?

A. 인터넷에 상품을 알려 보아요. 사람들이 잘 볼 수 있게 사진도 잘 찍고, 설명도 자세히 적어 보아요. SNS 계정, 당근마켓, 번개장터와 같은 사이트에서 소개하고 팔아 보아도 좋아요.

도전! 티매트 제작 실습

① 직조 틀에 양말목을 차례대로 끼워요.

② 90도 돌려서 양말목을 위, 아래 번갈아 교차하면서 끼워요.

③ 첫 번째와 두 번째 고리의 양말목을 뺀 뒤 두 번째를 첫 번째 고리 뒤에서 앞으로 껴요. 직조 틀에서 양말목이 빠지지 않게 조심하세요.

④ 남은 고리는 풀리지 않게 매듭지어 주세요.

⑤ 완성! 예쁘게 포장해서 팔아 보아요.

빨간색과 초록색을 활용하면 크리스마스를 떠올리게 할 수 있어!

보너스 아이디어 팁

양말목을 포함한 모든 뜨개질 제품들은 다양한 형태로 변형이 가능해요. 그래서 제작에 익숙해지면 티매트 이외에도 인테리어 소품으로 많은 제품을 만들어 판매할 수 있어요. 또한 자이언트얀 등 다양한 형태의 재료를 활용한 특별한 제품을 만들 수도 있지요.

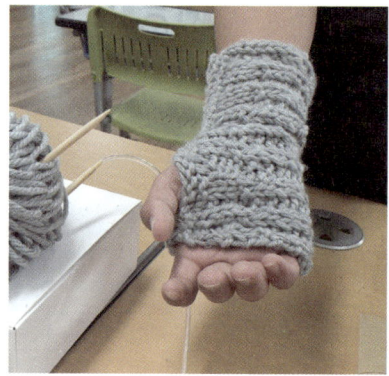

꿀자의 배를 채우는
아이디어 동전 한 닢

여기 좀 봐! 너의 아이디어를 한 닢 넣어
더 좋은 상품으로 만들어 보자고!

좋은 차는 좋은 사람과 마시는 법.
세트로 만들어서 판매해 볼 수도 있어.

나의 아이디어 노트

 **창업 아이템 8**

나만의 창업 아이디어 노트

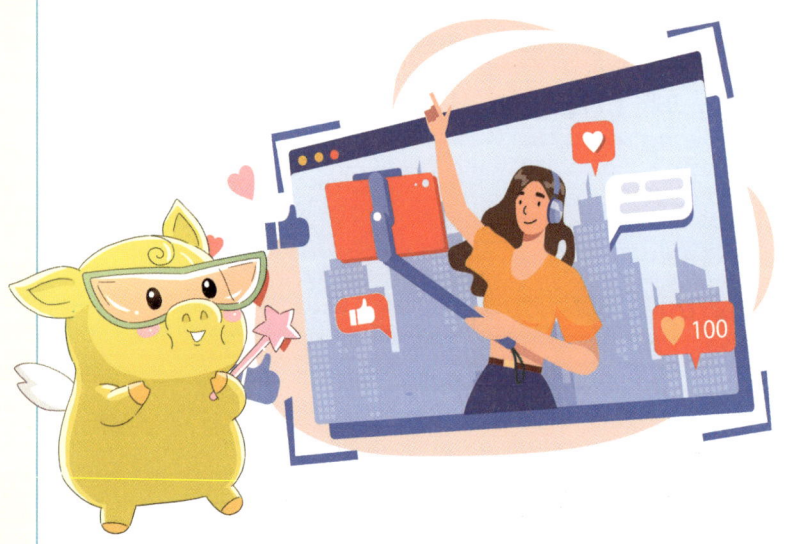

앞서 살펴본 7가지 창업 아이템에서 영감을 받아서 나만의 아이디어를 추가해 보렴. 나의 관심 분야가 7가지 아이템 중에 없다면, 나만의 아이디어 노트를 작성해서 창업을 준비해 보자고! 이봐, 해 봤어? 해 보기나 하자고, 꿀꿀!

창업 계획을 항목별로 적어 보세요.

회사 이름

창업가 이름

무엇을?

누구에게?

왜?

필요한 것은?

가격은?

홍보는 어떻게?

우리만의 창업, 준비 완료?

시호와 꿀자는 다양한 창업 아이디어를 따라해 보면서 정말 재미있는 시간을 보냈어요. 꿀자는 시호가 여러 체험 및 실습을 해 보면서 감을 익히길 바랐어요.

"시호야, 여러 가지 창업 아이템을 체험해 봤는데, 기분이 어때?"

"창업이 쉬운 것만은 아니라는 것을 느꼈어. 하지만 정말 신나고 재밌는데?"

"그래? 내 교육법이 마음에 들었다니 정말 다행이야. 가장 마음에 들었던 아이템은 뭐야?"

🧒 "세차! 세차는 가족들에게 도움이 되고, 운동도 되는 것 같아서 정말 좋았어!"
🍯 "그러면 네가 좋아했던 것을 바탕으로 이번엔 직접 아이디어를 떠올려 보는 건 어때?"

시호는 이제 본격적으로 창업을 시작한다고 생각하니 갑자기 긴장됐어요. 당황한 표정이 꿀자 눈에 보일 정도였지요.

🍯 "공자 선생님 말씀에 아는 자는 좋아하는 자만 못하고, 좋아하는 자는 즐기는 자만 못하다고 하였노라. 억지로 하는 거라면 시작할 것도 없어, 꿀꿀!"

시호는 긴장감이 이내 설레는 마음으로 바뀌었어요. 드디어 진짜 창업가가 된 것 같았기 때문이에요. 긴장감 가득하던 표정도 사르르 풀렸어요.

🧒 "해 볼래! 이제 진짜 창업가가 될 수 있을 것 같아!"
🍯 "좋아! 그 자신감만 있다면 우리만의 창업을 계획할 수 있을 거야!

후아, 마켓의 영업 시간이 끝났어요. 판매를 마친 시호는 크게 숨을 내쉬었어요. 사람들을 맞이하고, 물건을 소개하고, 계산을 하는 과정이 정말 정신없이 지나갔어요.

물건을 진열했던 탁자와 간판을 모두 정리한 뒤, 시호는 오늘 얼마를 벌었는지 확인하려고 꿀자와 함께 자리에 앉았어요.

"어때? 오늘 많이 번 것 같아?"

"사람들이 엄청 많이 왔다 간 것 같은데 물건이 아직 남아서 내가 잘 벌었는지 모르겠어."

"사업이 잘되었는지 확인하는 방법을 알려 줄까?"

"그냥 돈을 많이 벌면 되는 거 아니야?"

"우리가 재료비보다 더 많은 돈을 벌었다면 수익을 내서 좋은 상황이지. 하지만 만약 그 비용보다 적게 벌어서 손해가 발생했다면 손해난 장사를 한 거야."

"남는 게 없을 수도 있다고? 그럼 왜 고생한 거야?"

"완전한 마이너스는 아니야. 설령 적자라고 하더라도 앞으로 어떤 점을 더 준비해야 할지 실패를 통해 배울 수 있어!"

"역시 긍정의 돼지! 꿀꿀, 그렇구나! 암튼 그럼 어떻게 수익을 계산할 수 있는지 알려 줘!"

"사업이 정말 잘 이뤄졌는지 확인해 보기 위한 과정을 '정산'이라고 해. 판매하고 번 돈에서 지금까지 쓴 비용을 빼면 실제 우리가 번 돈이 얼마인지 알 수 있어."

수익 = 판매 금액 - 비용(재료비+인건비)

시호와 꿀자는 장부를 꼼꼼하게 보면서 계산기로 정확하게 '정산'을 끝내고는 서로 뿌듯한 눈빛을 주고받았어요.

시 호 의 일 기

초등학생도 창업해 볼 수 있는 창업 아이템이 참 많다. 그동안 막연하게만 창업에 관심을 가졌는데, 드디어 나만의 아이템으로 사람들 앞에 서게 되어 정말 많이 떨렸다.

창업은 쉽지 않다. 재료를 더 싸게 사기 위해서 계속 찾아다니고, 사람들 앞에서 홍보를 하는 것도 처음에는 민망했다.

하지만 물건이 처음으로 팔렸을 때 느꼈던 뿌듯함은 정말 잊을 수가 없다. 앞으로도 창업에 대한 꿈을 계속 키워 나가고 싶다.

꿀자의 창업 교실

소중하게 만든 물건, 어디에서 팔까?

짠, 창업왕 메이커 꿀자가 알려 줄게.
앞선 창업 체험 학습을 통해
물건을 어떻게 만들고 어떻게 파는지 배웠지?
판매 방법과 판매 장소는 정말 다양해.
자기 아이템에 가장 잘 맞는 적절한 판매처를 찾는 것도
성공하는 창업의 필수 요소라는 걸 명심하도록!

판매처별 차이점과 장단점

	플리마켓	공간 대여	직거래
판매 방법	거리의 일부를 빌려 여러 판매자들이 함께 물건을 판매함.	일정 공간을 빌려 개별 매장을 만들어서 판매함. 학생인 경우 학교나 지인의 가게 등을 이용할 수 있음.	학교나 아파트 게시판, 또는 직거래 앱을 활용하여 소비자를 직접 만나서 판매함.
장점	물건을 사고자 하는 사람들이 모이기 때문에 판매 가능성이 큼.	지속적으로 판매가 가능함.	미리 시간을 정하여 만날 수 있음.
단점	모집 기간과 신청 대상이 제한되어 있음.	공간 대여 비용이 발생할 수 있고, 손님이 올 때까지 계속 자리를 지켜야 함.	판매하는 물건을 계속 알려야 함.

중고 거래 앱을 이용해 핸드메이드 제품을 팔 때에도 판매자 등록을 해야 해. 앱 사용 가능 연령이 14세 이상이니 부모님의 협조가 필요하지, 꿀꿀!

꿀자의 창업 교실

사업을 꾸준히 하려면
나라에 신고를 해야 한다고?

우리나라에서 창업을 하기 위해서는 사업자 등록을 하게 되어 있어. 일회성 판매를 하는 경우에는 해당되지 않지만 지속적으로 판매를 진행하게 된다면 사업자 등록을 해 봐!

미성년자도 사업자 등록을 하거나 법인을 설립할 수 있어. 등록을 하고 난 뒤에는 성인과 똑같은 권리와 의무가 생기지. 다만 미성년자이므로 부모 등 법정 대리인의 동의가 필요해. 부모님께 허락을 받았다면 필요한 서류를 준비하여 자신이 사는 곳의 세무서로 가서 등록할 수 있어.

까다로운 절차를 체험해 보는 것도 좋은 경험이 될 수 있어! 차근차근 문제를 해결해 나간다면, 크게 어렵지 않아, 꿀꿀!

지속적인 사업을 위한 사업자 등록

구비 서류

① 미성년자 본인을 증명할 수 있는 신분증 - 여권 등

② 사업자 등록 신청서 - 국세청 사이트나 세무서에 비치된 서류

③ 부모 및 법정 대리인의 동의서

④ 납세 관리인 설정 신고서 - 납세 의무가 다른 사람이 아닌 미성년자에게 있음을 증명해야 함.

⑤ 추가 서류에 해당하는 경우
　- 기타 허가(등록, 신고)증 사본, 임대차 계약서 사본, 동업 계약서

주의할 점

판매 장소를 대여하거나 인터넷을 이용한 판매 등을 하는 경우에는 필요한 서류가 더 있기 때문에 판매 방식에 필요한 서류가 무엇인지 세무서에 문의하여 준비해요.

* 국세청에서는 미성년자가 사업자 등록 관련 서류를 제출하면 미성년자의 명의만 빌려서 성인이 사업을 하는 것인지 아닌지 다각도로 조사하여 미심쩍은 부분이 있으면 사업자 등록 신청을 받지 않아요.

4장
지속 가능한 경영

좋은 기업?
나쁜 기업?

기쁜 소식?

"우아, 대박! 꿀자야, 어디 있어? 잠깐만 나와 봐."

시호가 신난 목소리로 꿀자를 불렀어요. 시호는 꿀자를 보자마자 휴대폰을 보여 주었어요.

> 안녕하세요? 창업무역의 OOO대리입니다.
>
> 시호 군이 인터넷 장터에 올려 둔 OOO상품 잘 봤습니다. 저희 창업무역은 시호 군의 사업 아이템에 투자해서 베트남에 수출을 하고 싶습니다. 저희 계약서 양식을 보내 드리오니, 검토하시고 답장 부탁드립니다. 감사합니다.

"드디어! 내가 만든 상품이 공장에서 처음으로 만들어지게 되었어! 이제 미국, 캐나다, 중국 가릴 곳 없이 많은 매장에서 주문이 들어올 거야!"

희망에 부푼 시호의 목소리가 방 안에 울려 퍼졌어요.

"그래서, 그 주문을 다 받을 수는 있고?"

꿀자가 질문하는 순간, 시호의 웃음이 뚝 끊겼어요. 뒤통수를 얻어맞은 듯 얼얼했지요. 주문을 받고 제때 상품을 만들지 못하면 큰일이라는 것을 시호는 알고 있었거든요.

"아이… 뭐, 그런 건 적당한 공장을 찾아보면 되지 않을까? 내가 좀 찾아보니까, 신발 관련해서 인건비가 저렴한 건 아프리카 쪽이더라! 하하, 세상에, 아프리카 애들이 그렇게 일을 잘 한대요, 글쎄!"

시호가 그저 신이 나서 어깨를 으쓱하며 말했어요. 꿀자는 그 모습을 보고 알 수 없는 표정을 지었지요. 약간은 화가 난 것도 같았어요.

"어린이를 일하게 한다고? 어떻게 해서든 이윤을 크게 남겨 큰 부자가 되고 싶은 거야? 그런데 시호야, ESG라고 들어 봤니?"

"ESG? 라면에 들어가는 MSG는 들어 봤는데."

"아, 갑자기 라면 땡기네, 꿀꿀! 아⋯, 이게 아닌데⋯."

꿀자가 날카롭게 째려보며 안경을 만지작거리니 뉴스 기사가 두둥실 떠올랐어요.

대한민국 ESG 경영 대상, 풀무원

"이 기사 본 적 있어?"

"아니, 몰라. ESG는 몰라도 풀무원은 알아. 엄마가 마트에서 풀무원 두부를 판매하신 적이 있거든!"

"ESG는 환경을 뜻하는 Environment, 사회를 뜻하는 Society, 기업 구조를 뜻하는 Governance의 약자야. 경영을 모범적으로 한 기업을 알아볼 수 있는 요소지."

"아우, 복잡해. 하나씩 차근차근 알려 주면 안 될까?"

"좋아! 그럼 우선 ESG 경영과는 거리가 아주 먼 기업의 사례를 직접 보여 줄게."

꿀자가 요술봉을 휘리릭 돌리니까 시호의 몸이 두둥 떠오르는 것 같은 느낌이 들었어요. 시호와 꿀자는 다시 사차원의 공간을 넘어 태양이 아주 뜨거운 어느 곳에 도착했어요.

아프리카로 순간 이동

매미 소리가 귀를 때리는 듯 크게 들렸어요. 더운 여름인지 땅에서는 아지랑이가 피어올랐어요. 이마에 내리쬐는 햇살은 피부를 태울 듯이 맹렬했지만, 어느 곳에도 햇볕을 피할 공간이 없었어요.

"아, 더워! 여기가 대체 어디지?"

주위를 둘러보니 시호 또래의 아이들이 메마른 얼굴로 무언가를 나무에서 따고 있었어요. 언제 갈아입었는지 모르는 바지는 해어지고, 너무 더워서 웃통을 벗은 아이들이 많았어요. 아이들은 처음 보는 시호를 흘끗거리면서도 열매를 따기에 바빴어요.

갑자기 아이들이 화들짝 놀라더니 방금 전보다 훨씬 더 열심히 일을 하기 시작했어요. 한 아이는 시호를 보더니 그대로 몸이 굳어 버렸어요. 사실, 시호가 아니라 시호 뒤에 있는 무언가를 보고 놀란 거였어요.

"어디긴 어디야! 왜 이렇게 굼떠? 당장 일어나! 카카오 100킬로그램은 더 따야지!"

험상궂은 표정을 한 털보 아저씨가 시호를 보고는 꽥 소리를 질렀어요. 옆에 있던 아이들이 슬금슬금 다른 곳으로 도망가기 시작했어요. 덥수룩한 수염이 난 아저씨 눈이 칼처럼 매서워 보였어요. 시호는 정말이지 깜짝 놀라 오들오들 떨기만 했어요.

"너 이놈, 제대로 밥값도 못하겠어. 이리 와! 열매 따기를 못하면, 농약이라도 제대로 뿌려서 밥값을 시켜야지! 이거 원 참!"

털보 아저씨가 시호의 등에 커다란 농약 통을 메어 주었어요. 시호의 작은 몸집에 비하면 너무 큰 기계였어요. 시호는 무릎을 바들거리며 겨우 자리에 설 수 있었어요.

"자! 이걸 잡고! 카카오 나무에다가 팍팍 뿌려! 그래야 조금이라도 열매를 많이 딸 거 아냐!"

아저씨의 호통에 시호는 콜록콜록 기침을 하며 말했어요.

"저는 카카오 몰라요. 오늘 처음 본단 말이에요. 카카오톡만 아는데, 힝! 그리고 이 호스랑 농약 통은 제게 너무 무겁단 말이에요. 살려 주세요!"

시호가 기우뚱하며 중심을 잃더니, 그대로 바닥에 고꾸라졌어요. 그 때문에 하마터면 통에 있던 농약이 시호의 등에 쏟아질 뻔했지요.

털보 아저씨의 매서운 눈이 두 배쯤 커지더니 어마어마한 고함 소리가 들렸어요.

"아까운 농약을! 당장 그 농약 통 벗어!"

그때였어요. 꿀자가 카카오 열매처럼 분장한 채 시호에게 다가왔어요.

"여긴 아프리카의 카카오 농장이야. 우리가 값싼 초콜릿, 커피의 맛을 누리는 동안 어딘가에서는 노동자들이 대신 그 대가를 치르고 있단다. 아프리카에만 25만 명이 넘는 어린이들이 카카오 농장에서 제대로 먹지도, 학교에 가지도 못한 채 하루 종일 카카오 열매를 따고 있다고."

"뭐라고? 나 이제 학교도 못 가는 거야? 말도 안 돼!"

"말도 안 되긴, 네가 이윤을 높이자면서!"

"그거랑 학교랑 무슨 상관이야?"

"네가 생각한 것처럼 많은 기업들은 더 많은 이익을 원하고 소비자들은 조금이라도 더 싼 값을 바라지. 그래서 노동자들의 일당을 줄이는 식으로 그 가격을 맞추었던 거야. 너도 대량 생산 얘기가 나오자마자 어린이들을 시키겠다고 했잖아? 그것도 아프리카 어린이들을 말이야. 어디 한번 아프리카 어린이들처럼 열심히 일해 보렴!"

꿀자가 투명해지더니 흔적도 없이 사라져 버렸어요.

"꿀자야! 꿀자, 어딜 간 거야!"

"가긴 어딜 가? 어서 카카오 열매를 더 따지 못해? 점심 먹을 생각은 꿈에도 하지 마!"

꿀자 대신 아저씨가 시호에게 다가와 혼을 냈지요.

시호의 배에서 꼬르륵 알람이 울렸어요. 하지만 주변엔 먹을 게 없었어요. 큰 박스 하나를 카카오 열매로 채우지 못하면, 점심도 먹을 수 없었기 때문이지요. 털보 아저씨는 매서운 눈초리로 끊임없이 시호의 일거수일투족을 감시하고 있었어요.

시호는 겨우 박스 하나를 채우고는 바닥에 주저앉아서 중얼거렸어요.

"이윤을 더 늘리기 위해서 누군가의 노동을 정당하지 않게 부리려고 했던 게 잘못이었어. 이게 내 일이 될 줄이야…. 우리가 사고파는 물건들이 누군가의 일상과 연결되었다는 생각까진 해 보지 못했는데, 밥도 못 먹다니! 돼지고기 잔뜩 들어간 김치찌개 먹고 싶다…."

"뭐? 돼지고기? 이게 증말! 웃기고 있네!"

꿀자가 잔뜩 화난 얼굴로 갑자기 다시 나타났어요. 시호는 배가 너무 고파 아무 생각이 나지 않았어요.

"지켜보고 있으려니까, 참나. 돼지고기라니, 꿀꿀! 왠지 더 화가 나네?!"

시호는 그제야 잘못을 깨닫고는 꿀자에게 사과했어요.

"꿀자, 미안. 그런데, 그것보다 내가 아프리카 아이들의 노동력에 대해 너무 쉽게 생각한 거였어. 내가 신성한 노동의 가치를 너무 쉽게 생각했던 것 같아. 손가락이 정말 부서질 것 같다고! 허리도 아프고, 무릎도 너무 저려!"

"넌 잠시 일한 것뿐이지만, 세계 노동자들의 40%가 넘는 사람들이 지금 이 순간에도 열심히 일하고도 하루에 2,000원도 안 되는 소득을 얻고 있어."

"헐, 2,000원? 지난번 문방구에서 산 팽이 가격도 안 되는 돈인데…. 이렇게 힘들게 일하고도 하루에 겨우 그만큼을 번다고?"

"그래, 그 돈으로는 기본적인 생활비조차 감당하기 어렵겠지? 게다가 어른들보다 훨씬 적은 임금을 받는 아동 노동자들도 있어!"

"그것보다 적게도 받고 일한다고? 그것도 아동들이? 그런 일이 생기지 않도록 뭐든지 할래! 나에게 방법을 좀 알려 줘. 부탁이야. 아까 네가 말했던, MSG?"

"ESG! 이 꿀자가 알려 주지!"

ESG 경영이란?

요즘엔 기업이 돈만 추구하지 않아. 환경을 보호하는 데 힘쓰고,

사회적 책임을 다하며, 기업 문화 개선에도 힘쓰고,

경영도 투명하게 해야 해. 그래야만 지속 가능한 발전을 할 수 있거든.

사람들이 기업의 제품뿐 아니라,

제품이 만들어지는 과정과 기업의 윤리도 중요하게 생각하거든.

환경 보호

사회적 책임

기업 문화 개선

Q. ESG 경영이 뭐예요?

A. ESG 경영이란 환경 보호, 사회적 약자 보호 등을 통해 사회적으로 공헌하고, 법과 윤리를 지키며 기업을 운영하는 경영 방식을 말해. 기업의 비재무적 요소인 환경(Environment)·사회(Social)·지배구조(Governance)를 뜻하는 말이야.

Q. ESG 경영을 하는 이유는 뭐예요?

A. 경영인이 개인적인 비전이나 윤리 의식으로 시작하는 경우도 많지만, 시대가 원하는 기업상이 있기 때문이야. 요즘 소비자들은 좋은 기업이 만든 제품을 선호하고, 투자자들도 좋은 기업인지를 따져서 투자하는 경향이 있어.

Q. ESG 경영의 사례들은 뭐가 있을까요?

A. 배송할 때 일회용 봉투나 박스 대신 다회용 전용 용기를 사용하는 업체가 있어. 비용이 더 들어가더라도 환경을 위한 건데, 소비자들은 좋은 반응으로 응답했지. 많은 기업들이 인재를 채용하고 소비자들에게 좋은 이미지를 주기 위해 기업 문화에도 신경 쓰고 있어. 직원들 워라벨 보장, 복지 증진, 수평적 구조를 지향하는 기업이 많아지고 있어.

털보 아저씨의 변신

 "응! ESG 경영을 하면, 누구도 이렇게 고통받지 않을 수 있다는 거지?"

 "흥, 이제야 좀 이야기할 맛이 나는군."

 "환경(E), 사회(S), 기업 구조(G)! 꼭 기억할게. 이 3가지 모두 생각하면서 기업을 경영할 거야. 이제 뭐가 문제인지 알겠어!"

시호의 말이 끝나자마자, 시호를 둘러싼 모든 사람들이 두둥실 떠오르더니, 다른 복장으로 갖춰 입고 나타났어요. 한 달은 씻지 않은 듯한 어린 친구들도 사라지고, 단정한 옷을 입은 어른들이 안전하고 정리된 공간에서 즐겁게 일하는 모습이 보였어요.

"자, 이제 휴식 시간입니다!"

5분 전까지만 해도 험상궂은 인상으로 친구들을 몰아붙이던 털보 아저씨였어요. 아저씨의 얼굴에는 피곤과 짜증 대신 옅은 미소가 자리 잡고 있었어요.

'와, 털보 아저씨가 저렇게 잘 웃는 사람이었다니!'

시호의 생각을 읽었는지, 털보 아저씨가 다가와 말했어요. 털보 아저씨의 목소리는 솜사탕처럼 부드러웠어요.

"얘야, 여기는 애들이 오는 곳이 아니야. 학생이라면 이 시간에 학교에서 열심히 공부를 하고 있어야지. 여긴 어떻게 왔니? 여기는 작업하는 곳이라 위험하니 저쪽으로 가 있으렴."

"네?"

당황한 시호에게 꿀자가 꿀윙크를 날렸어요.

"이것 봐. ESG 경영을 실천하는 기업이라면 이런 모습이야. ESG는 어린이 노동자뿐 아니라, 전 세계 생산자들의 노동에 정당한 대가를 주는 경영 방식이야. 제품의 생산 과정에서도 윤리적으로 경영을 하는데, 그러면 어쩔 수 없이 제품 가격은 올라가기 마련이야."

"가격이 조금 비싸더라도, 노동에 대한 정당한 대가를 지불한다는 거지? 거기에다가 아까보다 농약도 훨씬 덜 쓰네? 이 기업에서 만든 초콜릿이라면 더 믿고 구매할 수 있겠는걸?"

"바로 그거야! 소비자들도 ESG 경영을 하는 기업의 제품을 선호하지! 물론 가격이 가장 중요한 소비자들도 여전히

털보 아저씨의 변신

건강한 작업 환경

어린이 보호

좋은 기업

환경의 지속 가능성

안전한 상품 생산

좋은 소비자

있지만, 한편에서는 ESG 기업 제품을 선호하는 움직임이 있어. 어쨌든 결국에는 부당하게 운영되는 기업은 설 자리를 잃게 될 거야."

"결국 기업에도 도움이 되는 결정인 셈이네."

"이제 깨달았구나! ESG 경영은 더 나은 세상을 만들기 위해 기업이 참여하는 방법이란다."

"노동자의 인권, 건강한 작업 환경을 지키는 ESG 경영을 한다면, 더 좋은 기업을 만들고 더 나은 세상도 만들고!"

"아주 잘 이해하고 있군! 그럼 이번엔 E.S.G 각각의 분야에서 훌륭한 경영을 하고 있는 기업들을 만나 볼까?"

"좋아!"

꿀자가 요술봉을 돌리자, 시호와 꿀자는 사차원의 세계로 또다시 이동했어요.

ESG 경영을
실천하는 기업들

환경(E)을 생각하는 아웃도어 업체, 파타고니아

시호와 꿀자는 어느덧 아주 넓은 옷 가게에 도착했어요. 매장은 아주 넓고 쾌적했어요.

 "우아! 예쁜 옷들이 정말 많다!"
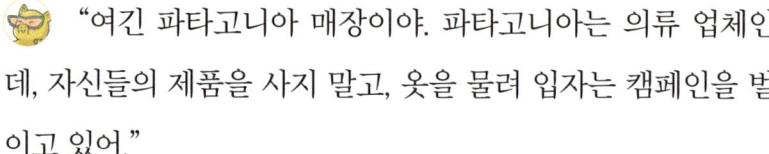 "여긴 파타고니아 매장이야. 파타고니아는 의류 업체인데, 자신들의 제품을 사지 말고, 옷을 물려 입자는 캠페인을 벌이고 있어."
 "아니, 옷을 파는 기업에서 옷을 사라고 광고를 해도 모

자랄 판에, 옷을 사지 말라는 캠페인을 한다고?"

"응. 소비를 줄이는 행동이 지구를 살린다고 보기 때문이야. 파타고니아는 버려진 페트병을 재활용해서 옷감을 만들어. 뿐만 아니라 모든 면 제품들은 직접 농사지은 유기농 목화에서 나온 솜을 이용해 만들지."

 "유기농? 먹는 거 아니야?"

꿀자의 고글에서 빛이 나며 사전이 떴어요.

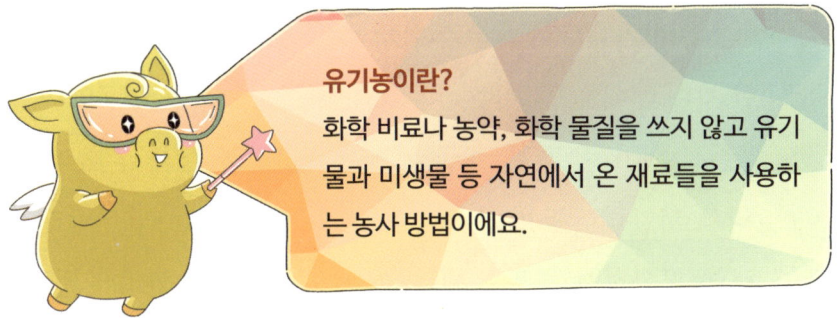

유기농이란?
화학 비료나 농약, 화학 물질을 쓰지 않고 유기물과 미생물 등 자연에서 온 재료들을 사용하는 농사 방법이에요.

"이것 봐. 유기농은 자연을 생각하는 농사의 방법 중 하나야. 쉽게 말해 농약과 비료 같은 화학 약품을 되도록 적게 쓰는 거야. 우리가 많이 쓰는 옷감인 면에는 목화라는 식물이 들어가거든. 자, 한번 써 봐!"

꿀자는 유기농 목화로 만든 솜모자를 시호에게 씌워 주었어요. 시호는 갑자기 머리가 따뜻해지는 걸 느꼈어요.

🧒 "와! 이 모자 좀 봐. 폭신폭신, 복슬복슬한 게, 유기농 목화라 그런지 정말 따뜻한걸? 거기에 우리의 소중한 환경까지 생각했다니 더 사고 싶은 마음이 들어!"

🐥 "전 세계적으로 기후 변화가 심각해지면서 많은 것들이 변하고 있지. 기업들은 이제 안전과 친환경을 앞세워 제품을 만들게 되었어."

🧒 "그런데 기업들이 이런 친환경 제품을 만든다고 해도, 고객이 안 사면 어떡해? 사람들이 더 비싸더라도 지갑을 열까?"

🐥 "섭섭한 소리! 요즘 개념 있는 소비자들이 얼마나 똑똑한 소비를 하는데! 우리의 미래가 환경에 달려 있다고. 고객들도 이런 친환경적 제품을 선호하고 있어. 제품의 가격을 조금 더 지불하더라도, 합리적인 지배 구조와 친환경적 책임을 기업에 기대하고 있어."

🧒 "그래도 확실히 가격이 낮아야 잘 팔리잖아. 친환경, 하면 왠지 비싼 것 같더라고. 좋은 기업이길 포기하고 그냥 값싼 제품 많이 만들어서 많이 파는 기업들이 많은 것 같아. 그게 불

법은 아니잖아."

"불법일 수도 있어. 이미 영국, 프랑스 등의 나라들은 환경 관련한 정보를 의무적으로 공개하고, 관련된 법도 만들고 있단다."

"으악, 법까지 만들어? 그러면 이제는 환경을 지켜야 할 의무를 기업이 지게 된 거네!"

"그렇지. 단순히 기업 수익만 추구하던 시대가 끝나 가고 있어."

사회(S)를 생각하는 굿윌스토어

갑자기 꿀자의 몸통이 커지며 투명해졌어요. 꿀자의 몸통 안에 있는 동전들이 훤하게 들여다보였지요. 동전들은 저마다 밝은 빛을 내며 반짝거렸어요.

 "꿀자야! 네 몸이 투명하게 변했어!"
 "후훗, 누군가 또 기증을 했나 본데?"
 "기증? 장기 기증 말고?"
 "훌륭한 기업은 사회를 생각하거든. 굿윌스토어는 기증된 물품을 판매하는 대표적인 사회적 기업이야. 장애인에게 일자리를 제공하고 있지. 같이 구경 가 볼래?"

꿀자와 시호가 도착한 곳은 커다란 물류 창고였어요. 의류, 잡화, 식품 등 기증받은 물건들이 가득했어요.

 "우와, 정말 대단하다. 이게 다 기증받은 물건이란 말이지?"
 "응. 그리고 직원 중에 장애인이 많아."

"장애인?"

"굿윌스토어에서는 250여 명의 장애인이 기증품 접수, 수거, 판매 등 다양한 파트에서 즐겁고 행복하게 근무하고 있대. 2011년 4월에 시작한 '기업 기증 캠페인'은 장애인 일자리 창출을 목적으로 기획되었어."

"일자리라니! 내가 아는 후원 관련 업체들은 대개 장애인들의 힘든 모습을 보여 주고 후원금을 모금해서 전달하는 거였는데! 그럼 굿윌스토어에 기부하거나 쇼핑을 하면, 제품도 사고 지역 사회의 장애인들을 도울 수 있는 거네?"

"맞아. 사용하지 않는 물건을 기증하면 환경 보호에도 큰 도움이 된다니 정말 좋지?"

"장애 직원도 얼마든지 세상과 소통하고 협력할 수 있다는 걸 이제 알았어. 굿윌스토어는 정말 멋진 기업이구나."

사회(S)를 생각하는 행복도시락

그때 어디선가 맛있는 냄새가 났어요.

"킁킁, 이게 무슨 냄새지? 엄청 맛있는 냄새가 나!"
"꿀꿀, 시호는 아주 개코구먼!"
"돼지코는 무슨 냄새 안 나?"

꿀자는 요술봉을 휘둘러서 시호를 맛있는 냄새가 나는 곳으로 데려갔어요.

"여긴 또 다른 사회적 기업인 '행복도시락'이라는 곳이야. 무엇을 만드는지 같이 보자."
"꼬르륵! 햄 도시락인가 봐! 와, 나 배고픈 걸 어찌 알고! 하나만 먹어도 될까? 아까 카카오 열매를 따느라 너무 고생했나 봐. 정말 배고프다고!"
"꿀꿀, 꿀꿀!"

그때 한 아주머니가 따끈따끈한 도시락을 시호에게 가져다 주었어요.

"아이고, 귀여운 친구! 한창 클 나이에 배고프면 안 되지요!"

그런데 아주머니의 손가락 하나가 불편해 보였어요. 아주머니가 주신 도시락은 그 어떤 도시락보다 맛있어 보였지요.

"고맙습니다!"

시호는 인사를 하고 허겁지겁 도시락을 열었어요. 소시지에 계란을 듬뿍 묻혀 부친 전, 고슬고슬한 밥, 단짠단짠 김치 참치볶음, 바삭바삭한 멸치에 진하고 깊은 맛을 내는 성게 미역국도 있었어요. 환상의 도시락이었어요. 시호는 게눈 감추듯 도시락 하나를 깨끗이 먹어 치우더니 배를 두드렸어요. 아주 행복해 보였지요.

"아, 이래서 '행복' 도시락인가 봐요. 넘 맛있어요. 세상에서 가장 맛있는 도시락이었어요. 정말 감사합니다!"

시호가 행복한 얼굴로 인사하자, 도시락을 건네준 아주머니 얼굴에도 행복한 미소가 떠올랐어요.

"행복도시락은 결식 이웃, 취약 계층에게 무료 도시락을 만들어 배달하고 있어. 취약 계층들에게는 조리나 배송 과정에 참여할 수 있도록 일자리를 제공하기도 하지. 무엇보다 행복도시락에서 만든 김치는 정말 맛있어."

 "기업이 이렇게 좋은 일도 할 수 있구나!"

 "맞아. 일반적인 기업들은 이윤을 목적으로 하지만, 이렇게 사회적 목적과 영업을 함께해 나가는 기업을 '사회적 기업'이라고 불러.

 "사회적 기업?"

'사회적 기업'이란?

사회적 가치를 실현하는 동시에 수익을 창출하는 비즈니스 모델을 수립하고 운영하는 기업을 말해요. 일반적인 기업이 영리를 목적으로 이윤 극대화를 추구하는 것에 비해, 사회적 기업은 영리 반, 사회 문제 해결과 공동체적 가치 실현 반, 이렇게 가치를 추구한다고 보면 돼요. 이윤도 목적으로 하기 때문에 공익 단체와는 다르답니다.

 "사회적 기업은 서비스 제공 및 일자리 창출 등의 목적도 포함한다는 점에서 일반 기업과 큰 차이가 있어."

 "아하! 이런 사회적 기업 나도 알아. 우리 집도 지난 여름에 옷장 정리하면서 잘 입지 않는 옷들을 아름다운가게에 기부한 적이 있거든."

 "오, 그래그래. 아름다운가게도 사회적 기업이지!"

그 순간, 어디선가 아름다운 음악 소리가 들리기 시작했어요.
"이건 무슨 소리지? 와, 배가 부르니까 이제는 세상이 아름다워진 건가? 귀까지 호강하네!"

꿀자는 음악이 흐르는 곳으로 시호를 데려갔어요.

사회(S)를 아름다운 소리로 채우는, 한빛예술단

시호는 자기도 모르게 눈을 감고는 음악에 취해 버렸어요. 시호와 꿀자가 도착한 곳은 오케스트라 연습이 한창인 공연장이었어요.

꿀자도 음악을 감상하며 시호에게 설명해 주었어요.

"여긴 한빛예술단이라는 사회적 기업의 공연장이야."

"그런데 지휘자가 없네? 뭐야! 악보도 없어! 사람들이 어떻게 오케스트라 연주를 하고 있는 거지? 초능력자들인가?"

꿀자도 어떤 상황인지 모르기는 마찬가지였어요.

그때 바이올린을 들고 있던 바이올리니스트가 시호에게 말을 걸었어요.

"안녕하세요? 손님이신가요? 우리 예술단이 어떤 능력을 갖고 있는지 잘 모르시는 분이군요, 헤헤. 저희는 눈은 불편하지만 오케스트라에서 멋진 소리를 낼 수 있답니다."

그러고 보니 모두가 눈이 불편해 보였어요. 연주자들이 모두 시각장애인들이었던 거예요.

시호는 존경하는 눈빛으로 연주자들을 바라보며 말했어요.

"우와! 저는 악보를 보고 연주하기도 힘들던데, 이렇게 멋진 음악을 연주하시다니 대단해요!"

"한 곡을 100번은 넘게 듣는 것 같아요. 한 곡 외우는 데 짧게는 3~4일, 긴 건 2~3주 정도 걸리지요. 하지만 우리가 내는 소리가 우리 사회에 희망과 기쁨을 준다는 생각을 하면, 힘이 납니다."

꿀자가 한빛예술단을 검색해 보았어요.

한빛예술단은?

뛰어난 음악적 재능과 역량을 갖춘 세계 유일의 시각장애인 전문 연주단입니다. 장애를 극복한 삶과 연주를 통해 장애 인식 개선뿐 아니라 생명 존중, 배려, 나눔의 문화를 확산하는 데 앞장서고 있습니다.

희망을 노래하는 한빛예술단은 국내뿐 아니라 해외 공연을 통해 대한민국 장애인 예술의 위상을 알리며 활발히 활동하고 있습니다.

꿀자가 시호에게 설명해 주었어요.

"시각장애인분들은 서로 눈을 마주치지 않지만, 숨소리로도 소통할 수 있는 멋진 능력을 갖고 있단다. 한빛예술단은 2003년, 세계 최초로 만들어진 시각장애인 오케스트라야. 정말 자랑스럽지?"

바이올리니스트는 덧붙여 설명했지요.

"우리는 일 년에 100회 넘는 공연을 하고 있어요. 러시아 소치 동계 올림픽, 한·아세안 정상 회담 축하 공연 등 세계에 장애인 예술을 알릴 수 있는 건 우리 사회적 기업 덕분입니다."

짝짝짝! 시호는 박수까지 치면서 놀라워했어요.

"정말 멋져요. 제가 만드는 기업도 사회적 기업과 같이 사회에 선한 영향력을 널리 펼칠 수 있도록 노력해야겠어요!"

"우리 시호, 이렇게 열정적인 모습으로 바뀌다니! 여기로 데려온 보람이 있는걸?"

꿀자는 시호가 무척 대견했어요.

한빛예술단 연습이 끝나고 드디어 공연이 시작되었어요. 시호와 꿀자는 관객석에 앉아 공연을 감상했지요. 공연은 대성공이었어요. 한빛예술단이 오케스트라 공연을 마치자 엄청난 박수 소리가 들렸어요. 공연이 모두 끝나자, 시각장애인 연주가들은 활짝 웃으며 인사했지요.

시호는 클래식 음악은 잘 몰랐지만, 큰 감동을 받았어요. 음악이, 그리고 사람이 아름답다는 것을 새삼 깨달았어요.

"꿀자야, 나 정말 많이 배운 것 같아. 결심했어! 환경과 사회를 생각하는 기업가가 되고 싶어!"

"아직! 한 가지 안 가르쳐 준 게 있어!"

꿀자는 시호에게 모든 것을 알려 주고 싶었어요. 그래서 시호를 고소한 냄새가 이끄는 곳으로 데려갔어요.

기업 구조(G)를 생각하는 기업, 풀무원

시호와 꿀자는 두부 만드는 곳으로 이동했어요. 브랜드 로고가 아주 익숙한 곳이었어요. 시호 어머니께서 마트에서 파시던 풀무원 두부에 있던 로고였어요.

"자, 이 고소한 두부 한번 먹어 볼래? 국내 식품 기업 중 유일하게 5년 연속 ESG 종합 평가 통합 A+ 등급을 받은 기업이자 ESG 경영의 대표적인 식품 회사 풀무원 제품이야."

"냠냠, 우와, 맛있다!"

시호는 고소한 두부를 한입 먹으며 생각했어요. 풀무원은 시호도 알 만큼 큰 회사이고 마트에서 제품이 엄청 많이 깔려 있는 기업이에요. 그런데 그런 큰 회사가 ESG 경영을 하는 기업이라니, 뭔가 이상했어요.

"그런데, 이런 대기업도 ESG와 관련이 있어요?"

두부를 들고 있는 아주머니가 활짝 웃으며 말씀하셨어요.

"이렇게 제품을 잘 만드는 것도 중요하지만, 요즘엔 환경만큼이나 기업의 거버넌스(governance)가 중요하게 여겨지고 있단다."

"기업의 거북넌스? 거봐난스? 영어는 너무 어려워, 힝. 대체 그게 뭐죠?"

꿀자가 검색을 했어요.

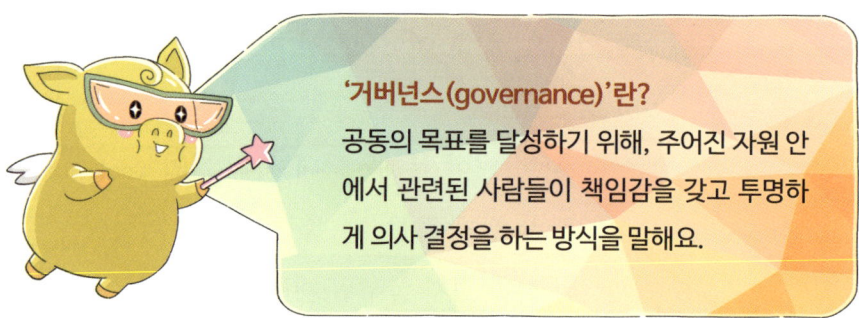

'거버넌스(governance)'란?
공동의 목표를 달성하기 위해, 주어진 자원 안에서 관련된 사람들이 책임감을 갖고 투명하게 의사 결정을 하는 방식을 말해요.

두부 아주머니가 말씀하셨어요.

"정부를 의미하는 government라는 단어와 아주 비슷하지? 우리 풀무원은 투명하게 의사 결정이 이루어지고 있어. 모두가 책임감을 가지고 업무에 임한단다."

"아하! 정부와 비슷한 단어라고 하시니 외우기 쉽겠어요! 암튼 기업을 투명하게 운영한다는 뜻이죠?"

"그래, 정부가 유기적으로 조직된 것처럼 이제는 기업도 변화해야 한다는 거야. 기업의 대표, 임원들만 기업을 경영하는 데 참여하는 게 아니라 시민 사회, 시장이 함께 파트너로 참여하는 거지."

아주머니는 시호를 풀무원 회의실로 데려갔어요. 풀무원 직원들은 수많은 회의실에서 회의를 하고 있었어요.

"우와, 바쁘다, 바빠. 다들 정말 열심히 일하고 있네! 그런데 무슨 회의가 이렇게 많아요?"

"하하, 풀무원 이사회 임원들이 모두 모여 이야기를 하고 있구나. 풀무원에서는 기업 경영의 수준을 끌어올리기 위해 많은 이사회를 만들어서 민주적으로 운영하고 있단다."

"이사회가 많은 것과 민주적인 것이 무슨 상관이에요?"

"소수가 독단적으로 운영하지 않고, 많은 사람들의 목소리에 귀를 기울인다는 뜻이란다."

"아하!"

뿌리 깊은 풀무원의 ESG 역사

- **Environment 환경**: 원경선 원장으로부터 내려온 친환경 바른 먹거리
- **Social 사회적 책임**: 로하스 식생활을 알려 주는 바른 먹거리 교육
- **Governance 지배 구조**: 2018년에 완성된 전문 경영인 체제

풀무원 이사회 구성

보상위원회	임원의 보수, 퇴직금, 스톡옵션 부여 등에 관한 사전 심의
사외이사 평가위원회	사외이사의 활동 및 이사회 자체 평가 업무
경영위원회	이사회에서 위임한 경영 사항에 관한 집행 업무
사외이사후보 추천위원회	사외이사 후보의 추천 업무
감사위원회	회사의 회계와 업무를 감사(이사의 직무집행 감사, 외부감사인 선임 등 법정 권한 행사 등)
전략위원회	중기 사업 계획, 핵심M&A 사전 심의
총괄CEO후보 추천위원회	역량을 갖춘 총괄CEO 후보 관리 및 추천
ESG위원회	환경, 사회, 지배 구조(ESG) 중요 이슈 파악 및 지속 가능 경영 전략과 방향성 점검 자문

"그래도 그렇지, 무슨 회의를 이렇게 많이 하는 거예요?"

두부 아주머니는 한 회의실을 가리키며 설명하셨어요.

"여기는 이사회 회의장이야. 회사의 미래 전략에 대해 이사회에서 이야기 나누는 중인 것 같아."

시호가 다른 회의실을 가리켰어요.

"여기도 회의 중인데? 또 회의예요?"

"여긴 감사위원회에서 회의를 하고 있네. 회사 경영이 잘되고 있는지 확인하는 중인 것 같아."

"아하! 경영도 검사를 받는군요!"

꿀자가 끼어들며 말했어요.

"바로 그거야. 환경을 고려하는 기업인지도 중요하지만, 기업이 본연의 이윤 추구를 공정하고 합리적으로 잘하려면 기업의 경영 방식이 정말 중요하거든."

시호는 경영인이 되면 마음대로 할 수 있을 거라 생각했는데 그게 아니라는 말에 조금 당황했어요.

"그런데 기업의 주인은 대표잖아. 이렇게 경영도 숙제 검사하듯 검사를 당하면 CEO들이 반발하지 않아? 자기 기업을 자손에게 물려주는 기업도 많잖아."

"이제는 시대가 바뀌고 있어!"

"과거에는 재벌들이 가족들에게 기업을 물려주는 경우가 많았어. 우리나라는 특히 더 심해서 문제가 많았지. 하지만 이제 시대가 많이 바뀌었어. 시호가 먹은 두부를 만든 풀무원 대표는 자신의 아들에게 경영권을 물려주지 않고, 전문 경영인

인 CEO에게 경영을 맡겼어. 합리적이고 민주적인 기업 경영을 위해서지."

"CEO? 그게 있으면 좋은 거야?"

"자식이라는 이유로 경영권을 물려주는 게 합리적일까? 풀무원은 지속 가능한 경영 지수 평가에서 식품 산업 부분 116개의 국내외 기업 중 6위에 오르기도 했어. 오히려 민주적인 기업 경영이 기업의 가치를 더 높이는 시대가 되었다고!"

"흠, 그래? 경영을 민주적이고 합리적으로 잘 꾸려 가는 것도 기업의 가치를 높이는 데 정말 중요하다는 거구나?"

"시호, 혹시 '지속 가능한 경영'이라는 말을 들어 본 적 있어?"

"아! 뉴스에서 본 적 있어!"

"맞아. 지금까지 우리가 살펴본 E.S.G를 조각조각 이어 붙여 보면 지속 가능한 경영에 아주 가까워진단다."

꿀자의 창업 교실

지속 가능한 경영이란?

지속 가능한 경영이란, 경제적 수익성, 환경적 건전성, 사회적 책임성을 바탕으로 기업을 통합적으로 경영하여 지속 가능 발전을 추구하는 것을 말해. 즉 ESG 경영과 같은 맥락이지.

E 환경
- 기후 변화 및 탄소 배출
- 환경 오염, 환경 규제
- 생태계 및 생물 다양성
- 자원 및 폐기물 관리
- 에너지 효율

S 사회적 책임
- 소비자 보호
- 데이터, 프라이버시 보호
- 인권, 성별 평등 및 다양성
- 지역 사회 협력
- 공급망 관리력(공정 거래, 상생 협력)
- 근로자 안전 등

G 지배 구조
- 이사회 및 감사위원회 구성
- 뇌물 및 반부패
- 로비 및 정치 기부
- 기업 윤리
- 컴플라이언스 경영

출처: 국회입법조사처, NARS info 제5호

지속 가능한 경영의 역사

1992년 유엔 지구 정상 회의에서 인류 차원의 새로운 성장 패러다임으로 선언한 '지속 가능 개발'을 경영 활동에 도입한 거야. 사회 책임 경영(CSR)이나 기업의 사회적 책임과 동일한 개념이기도 해.

기업이 경제적 성장과 더불어 사회에 공헌하고 환경 문제에 기여하는 가치를 창출하여 다양한 이해관계자의 기대에 부응함으로써 기업 가치와 기업 경쟁력을 높여 지속적인 성장을 꾀하는 경영 활동을 의미해. 2000년대에 들어 경제 성장이 어느 정도 이루어지고 환경과 사회적 문제에 대한 관심이 사회 전반에 확산되면서 기업의 사회적 책임에 대한 요구가 급격히 증가하면서 이런 패러다임이 생겼어.

지속 가능한 경영의 특징

경영의 전통적인 가치는 제품의 품질이나 가격 정책, 마케팅 전략을 통한 수익 증대야. 이것들도 매우 중요하지. 지속 가능한 경영은 여기에 경영 투명성과 윤리 경영을 강조하고, 기업에게 요구되지 않았던 사회 발전과 환경 보호에 대한 공익적 기여를 중시해.

이는 기업이 경제적·사회적·환경적 책임을 통해 다양한 이해관계자와 협력·합의·공생하는 길을 모색해야 기업의 생존과 성장도 가능하다는 문제의식에서 비롯된 것이야.

사회 공헌을 실천하는 기업, 한솥도시락

꿀자는 경영 수업을 위해 마지막으로 시호에게 꼭 보여 주고 싶은 회사가 떠올랐어요.

"ESG 경영의 또 다른 사례인 한솥도시락으로 한번 가 볼래?"

"아, 한솥도시락! 어린이날에 공원에 갔는데, 그때 한솥도시락의 제육 도시락을 먹었던 기억이 나!"

"제육? 꿀꿀!"

"미안, 그런데 아까 우리가 가 본 사회적 기업인 행복도시락과는 달라? 똑같은 도시락 만드는 기업 같은데."

"행복도시락처럼 한솥도시락은 빈곤, 기아, 노약자 등 사회적 약자를 지원하는 사회 공헌에 힘쓰고 있어. 그리고 창업한 지 30년 가까이 되어 가는데, 지금까지 가맹점과 본사 사이에 분쟁이 없었다고 해."

"가맹점? 본사?"

"아, 가맹점을 프랜차이즈라고도 하는데, 꿀자 사전을 보여 줄게. 아주 간단해."

'프랜차이즈'란?
특정한 상품이나 서비스를 제공하는 기업이 일정한 자격을 갖춘 사람에게 자기 상품에 대하여 일정 지역에서의 영업권을 주는 방식이에요. 기업은 이를 통해 시장을 개척할 수 있어요.

 "자, 하나 둘 셋, 하면 같이 점프하는 거야!"

　시호와 꿀자가 점프를 하니 한솥도시락 구미 지점으로 이동했어요. 그리고 또 한 번 점프를 하니 광주에 있는 매장으로 순간 이동을 했어요. 시호의 눈이 휘둥그레졌어요.

"뭐야! 같은 가게잖아! 간판도 같고, 인테리어도 똑같아!"

"맞아. 구미와 광주의 매장이 아주 닮은 듯 다르지? 마치 하나의 매장인 것처럼 똑같은 상품을 파는 가게를 다른 지역에 열 수 있어. 그게 바로 프랜차이즈야."

"아하, 그래서 가맹점 사업자는 수수료를 내는 거네. 영업의 노하우를 받기 때문에! 본사의 노하우를 전수받아서 최종 소비자에게서 이윤을 얻을 수 있잖아! 덕분에 우리는 광주 지점에서 먹던 제육 도시락과 똑같은 도시락을 같은 가맹점인 구미 지점에서도 먹을 수 있는 거구나."

"여기 한솥도시락은 ESG를 실천하는 기업이야. 가맹점의 필수품을 시중가보다 저렴하게 제공하려고 노력하고 있대. 도시락에 사용되는 플라스틱도 최소화하려 하고 있고, 어쩔 수

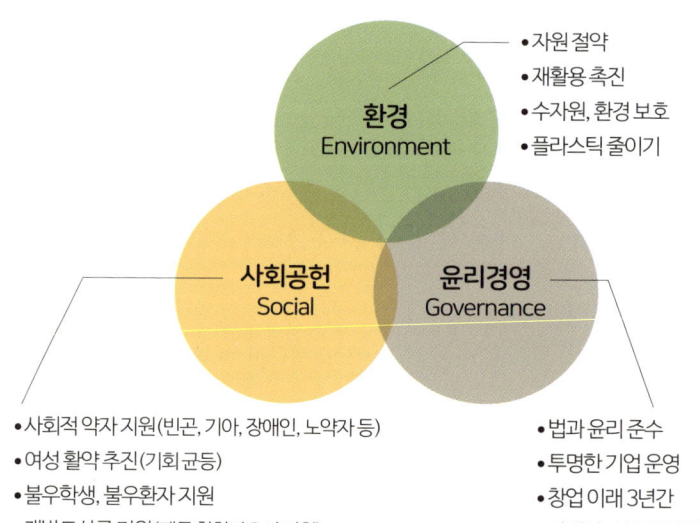

출처: 한솥도시락 홈페이지

없는 플라스틱도 재활용하자고 광고한단다."

"우와, 이제 기업의 성과를 돈에 관련한 것으로 한정하지 않는구나."

"하지만 아직도 ESG 경영을 비판적으로 보는 시각도 있어. 여전히 대부분의 의사 결정에는 재무적 기준이 첫 번째 원칙이 되고 있기 때문이야. 그래서인지 세계 여러 곳에선 아직도 산업 재해로 인해 사망하는 사람들이 많아."

"정말 안타깝다. 하지만 기업 입장에서는 이윤 창출도 중요한 목표니까."

"응, ESG의 진정성도 중요하게 여겨지고 있어. 일회성 행사만을 해 놓고, 자신들의 기업 이미지 세탁에만 혈안인 기업들이 생기지 않아야 하니까!"

"나도 고민이 되네. 어떻게 하면 기업이 이윤을 추구하면서도 지속 가능한 경영을 해 나갈 수 있을까?"

"오, 그런 고민을 하다니, 시호 너 정말 많이 성장했구나!"

"당연하지 이제 나도 어엿한 기업가야!"

꿈에 한발 앞으로

그런데 그 순간, 꿀자의 몸이 화려한 황금빛으로 빛나기 시작했어요.

"어? 꿀자야! 네 몸이 황금빛으로 가득 찬 것 같아!"
"오! 때가 왔나 보다. 지금까지 고마웠어, 시호야. 네가 자신감을 얻고, 이렇게 훌륭한 기업가로 차근차근 도약하는 동안 나도 성장하게 되었거든. 처음에 만났을 때보다 우리 둘 다 훨씬 더 적극적이고 열정으로 가득 차게 된 것 같아!"
"그게 무슨 말이야? 곧 떠날 사람, 아니 돼지처럼 왜 이러는 거야. 꿀자야, 네 몸이… 사라지고 있어! 너, 괜찮은 거야?"
"집에 가면 일기장 맨 뒤를 보렴. 네가 훌륭한 창업가가 될 수 있을 거라 난 믿어. 그럼, 이만!"

꿀자의 몸이 두둥실 떠오르더니, 곧 황금빛이 서서히 사라지며 꿀자도 자취를 감추었어요.

"꿀자야!!! 고맙다는 말도 못 했는데…. 이럴 수가…"

시호는 어느새 자기 방으로 돌아와 있었어요. 모든 것이 꿈만 같았지요. 하지만 분명 전과 다른 기분이었어요. 허리도 곧게 펴졌지요.

시호는 일기장을 펼쳤어요. 지금까지 틈틈이 정리한 창업 아이디어를 보니 뿌듯함이 뭉클하게 느껴졌어요.

'그래, 이런 식으로 아이템을 선정하고, 가격을 매겼었지. 꿀자랑 여기저기 정말 재미있게 다녔는데. 꿀자는 나에게 왜 왔을까? 아! 맨 뒷장을 보라고 했어!'

시호가 펼친 일기장의 맨 뒷장에는 꿀자의 도장과 함께 삐뚤빼뚤한 글씨로 다음과 같은 글이 쓰여 있었어요.

시호에게

지금까지 창업왕이 되기 위한 여러 장애물을 훌륭하게 통과한 것을 축하해! 우리는 함께 여러 창업가들을 만나 보고, 아이템도 함께 찾아보았지. 창업가는 나뿐만 아니라 사회 전체에 선한 영향력을 미친다는 것을 꼭 기억해! 그리고 네가 훌륭한 창업왕이 되면, 또 다른 창업가를 위해 힘써 주길 약속해 줘.

잊지 마! 난 너를 늘 지켜보고 있어.

너를 사랑하는 꿀자가.

시호는 이제 보이지 않는 꿀자에게 큰 소리로 말했어요. 분명히 함께 있는 기분이었거든요.

"꿀자야, 이제 다시는 너를 볼 수 없는 거야? 헤어짐은 슬프지만 네가 날 지켜보고 있다니 든든해! 난 정말 훌륭한 사업가가 되고 싶어. 다시 만날 그땐, 훌륭한 창업왕이 되어 있을게!"

시호는 지금까지 썼던 일기장을 가슴에 품고, 집을 나섰어요. 하늘 위에 높이 떠 있는 구름처럼, 사업가가 되겠다는 시호의 꿈도 함께 두둥실 떠올랐어요.

에필로그

미션을 완수하고 돌아온 꿀자가 외쳤어요.
"아저씨! 저 왔어요!"
꿀자는 시호가 은행에서 만났던 아저씨에게 폭 안겼지요.
"우리 꿀자 배가 볼록하니, 시호와의 추억을 많이 쌓았나 보구나."
"그러게 말이에요. 창업왕이 되려는 시호가 기특해서 조금 더 옆에 있고 싶었는데 이제는 제가 없어도 혼자 잘할 수 있겠더라고요."
아저씨는 꿀자를 쓰다듬으며 말했어요.
"이번에도 정말 고생 많았어, 꿀자!"
"저보다 시호가 고생이 많았죠."
"그래, 시호는 좋은 기업가가 될 것 같니?"
"물론이에요! 시호는 좋은 기업가, 좋은 사람이 될 거예요. 기대 이상이에요! 무얼 상상하시든 그 이상일 거예요!"

꿀자는 시호와 함께한 우당탕탕 창업 이야기들을 떠올리며 흐뭇한 미소를 지었어요.

꿀자는 조심스럽게 덧붙여 말했어요.

"돈도 많이 벌 거고요."

아저씨는 하하 웃으며 꿀자에게 동전을 넣었어요.

"그럼, 우리 이제 다른 친구에게도 도움을 줄까?"

"좋아요, 아저씨!"

꿀자의 몸이 또다시 꿈틀댔어요. 꿀자가 고글을 만지작거리자 창업가, 기업가가 되고 싶은 어린 친구들의 사진과 프로필이 쭉 이어졌어요. 아저씨와 꿀자는 설레는 마음으로 프로필을 하나씩 꼼꼼히 살펴보았어요. 스크롤에 스크롤을 이어 가던 그때, 드디어 둘은 손가락과 발가락으로 한 친구를 짚었어요. 마주 보는 둘의 눈빛이 반짝, 빛났지요.

사진

이조은, 손지우, 이채민, 이제우, 김재익 외

사진 및 이미지 협조

위키미디어(Wikimedia Commons), 어도비 스톡

알림

이 책의 모든 내용은 실화입니다. 현직 교사들의 경제 교육 관련 연구를 바탕으로 한 사실에 입각하여 구성하였습니다. 그리고 학생 창업가들의 인터뷰는 모두 직접 인터뷰한 실제 창업 스토리를 바탕으로 재구성한 내용입니다. 책에 등장하는 창업 아이템도 모두 교사들이 직접 창업 수업을 진행하며 남긴 실전 사례들입니다.

인터뷰에 응해 주시고 자료를 제공해 주신 손지우, 이채민 가족, 이제우, 김재익 가족분들께 진심으로 감사드립니다.

창업 수업을 통해 직접 창업을 하며 좋은 사례와 사진 자료를 남겨 주신 예비 창업왕 학생들에게도 감사드립니다.